Kinder auf dem Abstellgleis

Wie ausländische Kinder und Jugendliche im deutschen Bildungssystem systematisch benachteiligt werden

von

Janna Linde

Tectum Verlag
Marburg 2007

Linde, Janna:
Kinder auf dem Abstellgleis.
Wie ausländische Kinder und Jugendliche im deutschen Bildungssystem systematisch benachteiligt werden.
/ von Janna Linde
- Marburg : Tectum Verlag, 2007
ISBN: 978-3-8288-9203-3

Tectum Verlag
Marburg 2007

An dieser Stelle möchte ich mich bei Herrn Dieter Goeschel und Herrn Dr. Rumpf für die Betreuung der Arbeit bedanken. Ich bedanke mich bei exilio e.V. und Valentin Emmenegger für die Unterstützung. Einen besonderen Dank an Thomas Fischer, Christine Keppler und Alfred Herb für die Hilfe in der deutschen Rechtschreibung. Außerdem bin ich allen dankbar, die zur Erstellung meiner Arbeit beigetragen haben.

Dieses Buch widme ich meinem Sohn Viktor

1. Einleitung

1.1. Problemstellung

Bildung und Ausbildung haben für junge Zuwanderer eine ernorme Bedeutung. Mit einem Berufs- oder Studienabschluss lässt sich ihre Eingliederung in die Einwanderungsgesellschaft leichter durchsetzen und die Hoffnung auf ein Leben im Wohlstand erfüllen. Auch bei der Rückkehr in das Herkunftsland öffnet ihnen die qualifizierte Bildung zahlreiche Perspektiven. Für diejenigen Ausländer, die sich nur vorübergehend in Deutschland aufhalten, ist es wichtig, eine schulische Karriere anzustreben und fortzusetzen, Kenntnisse im Deutschen zu erwerben, um damit z.B. zur Entwicklung des eigenen Landes beizutragen. Somit würde die deutsche Gesellschaft eher profitieren, wenn alle Bildungsgänge den Zuwandererkindern offen stehen, unabhängig davon, in welchem Land diese sich künftig aufhalten.

Die ausländischen Kinder und Jugendlichen gehören zu der am meisten vernachlässigten Gruppe im deutschen Bildungswesen. Die Schüler mit Migrationshintergrund sind übermäßig auf weniger anspruchsvolle Bildungsgänge verteilt. Sie besuchen die Schularten mit niedrigen Erwartungen und Perspektiven. Nach der Schule nehmen sie weniger attraktive Berufsbildungsangebote an. Außerdem sind viele von ihnen Quereinsteiger, die häufig älter als ihre deutschen Mitschüler sind. Die Abschlüsse, die sie erreichen, sind im Durchschnitt wesentlich niedriger als diejenigen der Deutschen. Ihre ungünstige Positionierung in der Bildungspyramide überrascht keinen mehr und ist zur Selbstverständlichkeit geworden.

Um die Schritte zur Besserung der Bildungssituation der Zuwandererkinder und -jugendlichen im deutschen Bildungssystem einzuleiten, sind die genauen Umstände, unter denen die Kinder und Jugendliche zu niedrige Bildungspositionen einnehmen, klärungsbedürftig. In der vorliegenden Arbeit wird nach den Ursachen der Bildungsbenachteiligung der ausländischen Kinder und Jugendlichen gesucht. Das zentrale Ziel dabei ist, die Kriterien der Benachteiligung im deutschen Bildungssystem zu erkennen und zusammenzufassen. Um die Aufgabe zu bewältigen, sind die Ausgangspunkte für die Untersuchung festzulegen. Diese sind aus bislang angewandten Erklärungen für die schlechte Positionierung von ausländischen Kindern und Jugendlichen im Bildungssystem abzuleiten.

1.2. Literaturanalyse

Die schlechte Bildungssituation von ausländischen Kindern und Jugendlichen wird je nach Literaturquelle unterschiedlich behandelt bzw. aus verschiedener Sicht erklärt. Z.B. Granato meint, dass ethnische Zugehörigkeit der Kinder und Jugendlichen für den schulischen Erfolg weniger entscheidend ist, als ihre Schichtzugehörigkeit.[1] Auch Ergen sieht die Unterrepräsentation ausländischer Schüler an höheren Bildungsgängen in den schlechten Ausgangschancen sozialer Unterschichten, zu denen die meisten Zuwandererkinder gehören. Der Autor meint, dass die bildungsorganisatorischen Optionen unbeabsichtigt nicht zum Erfolg der Kinder beitragen.[2]

Die Erklärung niedriger Bildungschancen der Kinder aus den Unterschichtfamilien beziehen Blossfeld und Shavit auf die „These des kulturellen Kapitals" (nach Bourdieu und Passeron). Danach fehlen den Schulkindern aus Familien mit einem niedrigen Bildungsniveau nach der Erstsozialisation in der Familie häufig die kulturellen Grundlagen, welche die meisten Kinder aus Familien der mittleren sozialen Schicht bedingungslos kennen lernen. Mittelschichtkindern fällt die Schule leichter, da sie bereits in der Familie im kulturellen Sinne auf die Schule vorbereitet sind. Die Familien mit niedrigem Bildungsniveau, gehören in der Regel zur sozialen Unterschicht und haben auch ein niedriges Einkommen. Daher sind in den Familien auch die Kinder, die gute Leistungen erbringen, durch niedrigeres Einkommen ihrer Eltern an der Bildungsbeteiligung eingeschränkt. Daraus folgt, dass die Unterschichtkinder durch ihre soziale Benachteiligung bildungsbenachteiligt sind.[3]

Übertragen auf Zuwandererfamilien findet sich eine ähnliche Sichtweise bei Neumann. Die Autorin sucht zunächst die Ursache des schulischen Misserfolges in den Familien. Aus der sozialisationstheoretischen Perspektive entsteht die schlechte Bildungssituation ausländischer Kinder und Jugendlichen durch Unterschiede zwischen Elternhaus und Schule. Da die Kinder in den Familien sich unter den, von den gesellschaftlichen Normen abweichenden Lebensbedingungen entwickeln, entsprechen die meisten von ihnen nicht den Anforderungen der Schule; wobei durch ihre schlechten schulischen Leistungen wiederum ihre benachteiligte Lebenssituation zu erkennen ist. Nach Meinung der Autorin hat auch die Schule die Verantwortung dafür zu tragen.[4] Die Diskriminierung der Zuwandererkinder

[1] vgl. Granato, Mona 2003: a.a.o. S. 113 f

[2] vgl. Ergen 2005: a.a.o. S. 131 f

[3] vgl. Blossfeld u. Shavit 1993: a.a.o. S. 31 ff

[4] vgl. Neumann 1997: a.a.o. S. 254 ff

im Bildungssystem ist nach Neumann durch Unterschiede in der Beteiligung an den Bildungsangeboten in verschiedenen Bundesländern belegt.[5]

Krüger-Potratz meint, dass die geringe Bildungsbeteiligung ausländischer Kinder und Jugendlichen in den alten Bundesländern vor allem an der Bildungspolitik liegt, die 40 Jahre lang die Kinder als vorübergehendes Problem betrachtete.[6] Schulerfolg von Zuwandererkindern beziehen Gomolla und Radtke auf unterschiedliche institutionelle Vorgehensweisen. Die Autoren knüpfen den schulischen Erfolg unmittelbar an die Handlungen und Entscheidungen, die tief in den Strukturen, sowohl an einzelnen Schulen, als auch im ganzen System verankert sind. Daraus ergibt sich, dass für den Übergang in die weiterführende Schule die schulischen Leistungen nicht unbedingt eine entscheidende Rolle spielen.[7] Die Plätze in der Bildungspyramide sind nach Baker und Lenhardt bereits vorbestimmt. Die Positionierung von Zuwandererkindern ist nur ein Ergebnis des sog. „Nullsummenspiels". Es hängt lediglich von dem Anteil der deutschen Kinder in der Klasse ab, wie viele „gute" Plätze für die Zuwandererkinder frei bleiben.[8]

1.3. Vorüberlegungen

Aus den aufgezeigten Sichtweisen kann festgehalten werden, dass die schlechte schulische Situation ausländischer Kinder und Jugendlicher sich vor allem aus den Lebensbedingungen ihrer Familien ergibt; dabei sind die Kriterien der Bildungsbenachteiligung aus den familiären Lebensumständen zu entnehmen bzw. durch Einfluss ihrer sozialen Situation auf Lernerfolg zu definieren. Dafür bedürfen die Lebenshintergründe der ausländischen Familien in Deutschland einer genauen Untersuchung. Allerdings ist zunächst festzustellen, um welche Bevölkerungsgruppen es sich bei den ausländischen Familien handelt. Des Weiteren ist die Lebenssituation der Familien in der Beschreibung solcher Umstände, wie ihre gesellschaftliche Stellung, Lebensstil und -orientierung, Wohnlage, finanzielle Ausstattung, Einkommen, Umgang mit den Kindern etc. zu präzisieren, um die Kriterien besser zu erkennen.

Aus der Literatur geht hervor, dass die ausländischen Kinder in Deutschland in der Regel zu den unteren sozialen Schichten gehören. Die Ansichten der Autoren besagen, dass die Schule die Nachteile, die sich aus den

[5] vgl. ebda S. 261 ff
[6] vgl. Krüger-Potratz 2004: a.a.o. S. 214 ff
[7] vgl. Gomolla u. Radtke 2000: a.a.o. S. 334 ff
[8] vgl. Baker u. Lenhardt 1988: a.a.o. S. 47 ff

Lebensumständen der Kinder ergeben, nicht behebt, sondern diese weiter entwickelt. Es werden im Laufe der schulischen Bildung neue Benachteiligungskriterien produziert, denen die soziale Situation der ausländischen Kinder und Jugendlichen zugrunde liegt. Um die Kriterien festzustellen ist die Positionierung von Sozialschwachen im Bildungssystem näher zu betrachten; ihre Zugangschancen zu Bildungsangeboten sind jenen der Sozialstarken gegenüberzustellen; vorerst sind allerdings die Differenzen zwischen den möglichen Bildungspositionen in Betracht zu ziehen. Die Benachteiligungskriterien werden sich aus den Unterschieden in den Bildungspositionen der sozialen Schichten ergeben.

Auch die zuwandererspezifische Benachteiligung führt zum Misserfolg in der Bildung: Die Bildungssituation ausländischer Kinder und Jugendlicher wird vielfach von ihrer ethnischen Zugehörigkeit beeinflusst, die zu den zuwandererspezifischen Benachteiligungskriterien gehört. Die zuwandererspezifischen Kriterien sind durch Analyse schulischen Umgangs mit den ausländischen Kindern zu definieren. Die Kriterien werden aus den Umgangspraktiken hervorgehen, die bei deutschen Kindern nicht anwendbar sind. Des Weiteren sind auch die Kriterien zu den zuwandererspezifischen Kriterien einzuordnen, die bezüglich schulischer Bildung nur in den Familien ausländischer Herkunft entstehen. Deshalb ist die Einstellung der Zuwandererfamilien zu dem deutschen Bildungssystem in die Untersuchung einzubeziehen. Dabei ist zu betrachten, welche Bildungspositionen die ausländischen Familien anstreben und wie sie ihre Ziele erreichen.

1.4. Methode und Vorgehensweise

Die Grundlage der vorliegenden Arbeit bildet die Bearbeitung von themenbezogener Literatur. Die Durchführung der Bearbeitung erfolgt durch Beschreibung und Analyse mit der Anwendung von Kritik. Der Schwerpunktbereich der Arbeit liegt in der Untersuchung der Bildungssituation von ausländischen Kindern und Jugendlichen. Die Arbeit verschafft nur einen Überblick über die Thematik und hat keinen Anspruch auf Vollständigkeit. Bei den meistbehandelten Themen der vorliegenden Arbeit handelt es sich um die Situation der Kinder und Jugendlichen aus ausländischen Familien, das deutsche Bildungssystem und die ausländischen Kinder und Jugendlichen im deutschen Bildungssystem. Für eine bessere Übersicht ist für jedes Thema ein eigenes Kapitel bestimmt.

In dem, nach der Einleitung folgenden Kapitel wird die Lebenssituation der ausländischen Kinder und Jugendlichen untersucht. Dabei wird auf die

Hintergründe der Zuwandererfamilien eingegangen; das Leben der Zuwandererkinder und Jugendlichen wird an Beispielen für jeweilige Zuwanderergruppe vorgeführt. Im weiteren Kapitel der Untersuchung wird die Benachteiligung aufgrund der sozialen Herkunft im deutschen Bildungssystem in den Mittelpunkt gestellt. Zunächst werden die Bildungsinstitutionen präsentiert, die für die Benachteiligung relevant sind, darauf erfolgt die Analyse der Chancenverteilung im deutschen Bildungswesen. Anschließend, im danach folgenden Kapitel, wird untersucht, wie die Benachteiligung und Diskriminierung der ausländischen Kinder und Jugendlichen durch schulische Handlungen erfolgt und wie die familiären Entscheidungen dazu beitragen; außerdem wird geschildert, wie die Bildungssituation ausländischer Kinder und Jugendlichen aussieht. Im Schlussteil werden die Ergebnisse zusammengefasst.

Zu den ausländischen Kindern werden im Rahmen der vorliegenden Arbeit alle Kinder und Jugendlichen ausländischer Herkunft zugeordnet, deren Muttersprache nicht deutsch ist; die Vertreter der deutsprachigen Mehrheit aus einem anderen Land werden aus der Untersuchung ausgenommen. Jedoch gehören die Aussiedlerkinder und -jugendlichen zu der Zielgruppe, da sie aufgrund ihrer nicht deutschen Muttersprache von denselben Problemen, wie die ausländischen Kinder und -jugendlichen, betroffen sind. Mit den oft in der Arbeit verwendeten Bezeichnungen „Zuwandererkinder" und „Zuwandererjugendliche" werden alle Kinder und Jugendliche der Zielgruppe, unabhängig von ihrer Staatsangehörigkeit, zusammengefasst. Außerdem handelt es sich bei den Untersuchten meistens um ausländische Kinder und Jugendliche aus Unterschichtfamilien. Des Weiteren ist die Untersuchung auf Deutschland beschränkt. Die Situation in Herkunftsländern der Kinder und Jugendlichen ist im Rahmen der Arbeit unbedeutend.

In der Arbeit werden Daten aus verschiedenen Quellen verwendet. Bei den meisten Daten handelt es sich nur um die Kinder und Jugendlichen, die eine andere als deutsche Staatsangehörigkeit besitzen. Die Aussiedlerkinder werden in der Statistik außerhalb Nordrhein-Westfalens als Deutsche geführt. Allerdings sind die Erkenntnisse auch auf die Aussiedlerkinder und -jugendlichen übertragbar. In Daten aus der PISA-Studie werden die 15jährigen Jugendlichen, von denen mindestens ein Elternteil Zuwanderer ist, unabhängig von der Staatsangehörigkeit, unter den Kindern mit Migrationsintergrund betrachtet. Die Jugendlichen, deren Elternteile beide in Deutschland geboren sind, werden unabhängig von der Staatsangehörigkeit als Schüler ohne Migrationhintergrund angesehen.

Die in der Arbeit häufig verwendete männliche Anrede von Personen, wurde zur Vereinfachung der Texterstellung gewählt und ist mit keinerlei Wertung verbunden.

1.5. Literaturübersicht

Zu dem Themenbereich „Kinder und Jugendliche aus ausländischen Familien" gibt es zahlreiche Beiträge. Tröster schreibt über Aussiedler. Sen und Goldberg führen die Situation der türkischen Gastarbeiter vor. Köhnlein geht der Problematik von Flüchtlingen und Asylsuchenden nach. Weitere Literatur zu dem Thema ist von Berger, Meier-Braun, Winkler, Jamin etc. angeboten. Zum Thema „deutsches Bildungssystem" besteht Literatur in großem Umfang. Sehr ausführlich beschreibt Führ das deutsche Bildungssystem in mehreren Beiträgen. Weitere Autoren dazu sind: Bönsch, Fuchs und Reuter, Herrlitz u.a. etc. Das Literaturspektrum zum Thema „ausländische Kinder und Jugendliche im deutschen Bildungssystem" besteht in einem zufriedenstellenden Umfang. Die Situation von ausländischen Kindern an deutschen Schulen schildert Ergen sehr präzise in einem kleinen Aufsatz. Granato schreibt über die berufliche Bildung ausländischer Jugendlicher. Die Lebenslage der Aussiedlerkinder ist ausführlich von Dietz behandelt. Die Situation der Flüchtlingskinder in Deutschland wird von Apitzsch, Krüger-Potratz, Neumann, Holzapfel, Gogolin etc. präsentiert.

Das deutsche Bildungssystem wird in den meisten literarischen Quellen entweder kritisch oder beschreibend vorgeführt; dabei wird das Vorhandensein von Zuwandererkindern im Schulsystem in den beschreibenden Quellen kaum erwähnt. Die Literatur, die schwerpunktmäßig die ausländischen Kinder und Jugendlichen im Bildungssystem behandelt, beschreibt diese zwar ausführlich aber oft nicht vollständig. Alle in der Arbeit beschriebenen Zielgruppen (Aussiedler-, Gastarbeiter-, Flüchtlingskinder) werden nur in wenigen Beiträgen zusammengeführt. Bei der Durchführung der Arbeit wird meistens davon ausgegangen, dass die Erkenntnisse auf Kinder und Jugendliche aller Zuwanderergruppen anwendbar sind. Soll in der Beschreibung ausschließlich eine Zielgruppe gemeint sein, erfolgt ein Verweis bzw. werden die Beispiele in separaten Abschnitten aufgeführt. Die meistbehandelte Nationalitätsgruppe in der Literatur ist die der Zuwanderer bzw. Zuwandererkinder türkischer Herkunft. Allerdings werden häufiger die Nationalitätsgruppen erwähnt, die weniger Erfolg in der Bildung erzielen. Dagegen sind die bildungserfolgreichen Gruppen für die Forschung nicht von großem Interesse.

Obwohl zahlreiche Untersuchungen in dem Schwerpunktbereich der vorliegenden Arbeit durchgeführt wurden, gilt der Bereich immer noch als wenig erforscht. Zahlreiche Erkenntnisse wurden durch PISA-Studien gewonnen. 22 Untersuchungen wurden im Rahmen des Forschungsschwerpunktprogramms FABER (Folgen der Arbeitsmigration für Bildung und Erziehung) von 1991 bis 1997 durchgeführt. Im Rahmen der vorliegenden Arbeit werden einige der Untersuchungen erwähnt, z.B. das Forschungsprojekt „Großstadt-Grundschule“, das mehrere Studien an einer Hamburger Grundschule einschließt. In den Studien wurden die ausländischen Kinder und ihre Eltern auf Sprachgebrauch und Mehrsprachigkeit im schulischen Alltag, außerhalb der Schule und in der Familie, im Kontext auf die Einsprachigkeit der deutschen Schule, untersucht.

Mit dem Ziel, das Bemühen der Lehrkräfte um die schulische Integration von ausländischen Kindern festzustellen, hat Walter an den Grundschulen die Aufmerksamkeit der Schüler gemessen. Im Rahmen der Untersuchung diente die Aufmerksamkeit zur Bewertung der Beteiligung der Lehrer an der Unterrichtsgestaltung.[9] Backer und Lehnhard untersuchten Partizipierung von Zuwandererkindern an Angeboten des dreigliedrigen Bildungswesens. Im Laufe der Untersuchung haben beide Autoren erkannt, dass die ausländischen Kinder den deutschen Kindern bessere Bildungsmöglichkeiten gewähren. Durch Überrepräsentation von Zuwandererkindern an den Hauptschulen bekommen die deutschen Kinder die Möglichkeit von der Hauptschule in die Realschule oder zum Gymnasium zu wechseln.[10] Stallmann kam in ihrer Untersuchung an Berliner Grundschulen zu dem Ergebnis, dass beim Übergang aus den Grundschulen in die weiterführenden Schulen, zwar die Leistungen mitberücksichtigt werden, der Ausländeranteil in der Klasse aber entscheidend ist.[11] Weitere für die Untersuchung relevante Studien werden im Laufe der Arbeit zitiert.

[9] vgl. Walter 2001: a.a.o. S. 112 f

[10] vgl. Baker u. Lenhardt 1988: a.a.o. S. 49 ff

[11] vgl. Stallmann 1990: a.a.o. S. 253 ff

2. Lebenssituation ausländischer Kinder und Jugendlicher in Deutschland

2.1. Gesellschaftlicher Hintergrund ausländischer Familien

2.1.1. Einwanderungssituation

Deutschland gilt als das Land, das nach dem Zweiten Weltkrieg mehr Zuwanderer als andere Länder Europas aufgenommen hat.[12] Die Aufnahme der Zuwanderer hat in Deutschland keinen historischen Hintergrund. Sie fand weder aufgrund einer Bevölkerungs-, noch Staatsinitiative statt. Vielmehr wurden mehrere Zuwanderungsströme nach dem zweiten Weltkrieg, aufgrund des Arbeitsmarktbedarfes nach billigen Arbeitskräften für schlecht angesehene Tätigkeiten, gesellschaftlich toleriert.[13]

Erste Gastarbeiter kamen ohne Familienangehörige vorübergehend nach Deutschland. Die meisten von ihnen waren Männer zwischen 20 und 40 Jahren, darunter ein kleiner Anteil von Frauen. Die Übersiedlung der Arbeitskräfte mit Angehörigen nach Deutschland begann langsam bereits Ende der 60er Jahre. In der Mitte der 70er stieg ihr Anteil.[14]

Seit dem Anwerbestopp 1973 wurde versucht die Zahl der Einwanderer möglichst zu beschränken.[15] Die Einschränkung betrifft nicht die Zuwanderer aus den EU Ländern. Außerdem werden die politisch Verfolgten, Spätaussiedler und jüdischen Kontingentflüchtlinge aus der ehemaligen Sowjetunion weiterhin aufgenommen.[16] Den Kriegs- und Bürgerkriegsflüchtlingen wird vorübergehender Schutz gewährt.[17]

Die größten Zuwanderergruppen in Deutschland sind: Aussiedler, Arbeitsemigranten und Flüchtlinge.[18] Laut Daten von 2004 beträgt der Anteil der Ausländer in Deutschland ca. 7,3 Mio.,[19] von denen über die Hälfte Gastarbeiter und ihre Familienangehörigen sind.[20] 2004 betrug der Ausländeranteil in Deutschland 8,8% der Gesamtbevölkerung.[21] Da in der Statistik die

---

[12] vgl. Winkler 1994: a.a.o. S. 9 ff
[13] vgl. Berger 2000: a.a.o. S. 82
[14] vgl. Bundesministerium für Familie, Senioren, Frauen und Jugend 2000: a.a.o. S. 34ff
[15] vgl. Meier-Braun 2005: a.a.o. S. 77 f
[16] vgl. Bundesministerium für Familie, Senioren, Frauen und Jugend 2000: a.a.o S. XIV
[17] vgl. Berger 2000: a.a.o. S. 31 ff
[18] vgl. ebda S. 21 ff
[19] vgl. Statistisches Bundesamt 2005: a.a.o
[20] vgl. Motte u.a. 1999: a.a.o. S. 15 ff
[21] vgl. Statistische Ämter des Bundes und der Länder 2005: a.a.o.

Aussiedler meistens als Deutsche betrachtet werden, ergibt sich die Problematik bei der Erfassung der genaueren Zahl der zugewanderten Bevölkerung.[22]

In zahlreichen Bevölkerungs- und Altersprognosen wird vermutet, dass Deutschland weiterhin auf die Zuwanderer angewiesen sein wird, um den Arbeitskräftemangel zu kompensieren, der durch höhere Lebenserwartungen und niedrigere Geburtenrate entsteht.[23] Zur Lösung des demographischen Problems befinden sich unter den Zuwanderern viele alleinstehende junge Erwachsene; ältere Menschen begeben sich seltener in die Migration.[24]

2.1.2. Gesellschaftlich-kulturelle Veränderungen durch ausländische Familien

Die Zuwanderung nach Deutschland verändert nicht nur das Leben der ausländischen Familien, sondern auch den Alltag des Landes. Merklich wird das Kulturleben der Aufnahmegesellschaft durch ausländische Familien beeinflusst. Durch den Einfluss von fremden Kulturen, die in Zuwandererfamilien gepflegt werden, verändern sich die Lebenseinstellungen und -bedingungen der Einheimischen, sowie entsteht die potenzielle Gefahr der Auslösung eines Konfliktes mit der Einheimischenkultur. Außerdem bleibt durch Ein- und Auswanderung die Nachfrage nach Gütern und Dienstleistungen nicht konstant. Je nach dem können diese Entwicklungen für das Aufnahmeland sowohl negativ als auch positiv ausgehen.

Auf dem deutschen Arbeitsmarkt gibt es immer noch Bereiche, in denen der Einsatz von Arbeitskräften aus dem Ausland notwendig ist, z.B. der landwirtschaftliche Sektor. In Zukunft droht der Zuwandereranteil zu einer Herausforderung für die Wirtschaft zu werden, da die Anzahl der Wanderarbeiter Einfluss auf die allgemeine Lohnhöhe hat. Es hat sich aber noch nicht eindeutig bestätigt, dass die Zuwanderer den Einheimischen ihre Arbeitsplätze wegnehmen. Die Zuwanderer sind häufiger in Bereichen beschäftigt, die für die deutschen Arbeitnehmer nicht attraktiv sind; es kommt allerdings zu Überschneidungen.[25]

[22] vgl. Berger 2000: a.a.o. S. 21 ff
[23] vgl. ebda S. 81 f
[24] vgl. ebda S. 26 ff
[25] vgl. ebda S. 85 ff

2.1.3. Wahrnehmung und Behandlung ausländischer Familien

Die Wahrnehmung und Behandlung der Familien nicht deutscher Herkunft sind vielfach durch den Verdacht geprägt, materiellen und sozialen Wohlstand der Deutschen zu beeinträchtigen. Daraus resultiert oft die Fremdenfeindlichkeit. Auch eine steigende Arbeitslosenzahl prägt die negativen Einstellungen zu ausländischen Familien. Menschen, deren wirtschaftliche und soziale Verhältnisse in den letzten Jahren schlechter geworden sind, suchen die Ursachen ihrer Probleme oft in der Zuwanderung.[26] Dabei unterliegen am stärksten die Flüchtlingsfamilien im heutigen Deutschland der Ausgrenzung und Diskriminierung; außerdem werden sie bei jeder Gelegenheit darauf hingewiesen, dass sie unwillkommen sind.[27] Familien aus nicht EU Ländern, vor allem aus der Türkei, werden weniger gern empfangen.[28] Aber auch die Aussiedlerfamilien werden in der Bevölkerung nicht als Deutsche wahrgenommen.[29]

2.1.4. Stellung ausländischer Familien in der deutschen Gesellschaft

2.1.4.1. Rechtliche Stellung

Seit dem 01.01.2005 wird Einreise und Aufenthalt von Zuwanderern durch das Zuwanderungsgesetz geregelt. Die Vorteile für die ausländische Bevölkerung bestehen darin, dass Deutschland sich dabei offiziell zu einem Einwanderungsland erklärt hat. Alle eingewanderten Bevölkerungsgruppen wurden als Zuwanderer im neuen Gesetz zusammenfasst.[30] Wird jede Gruppe einzeln betrachtet, sind z.B. die Aussiedler schlechter gestellt als zuvor.[31]

2.1.4.2. Soziale Stellung und Einkommenssituation

Die Zuwandererfamilien haben in der Regel eine niedrige Platzierung innerhalb der Gesellschaft; infolge schlechter sozialer Stellung und Ausgren-

[26] vgl. Winkler 1994: a.a.o. S. 9 ff
[27] vgl. Köhnlein 2005: a.a.o. S. 186 ff
[28] vgl. Motte 1999: a.a.o. S. 15 ff
[29] vgl. Dietz 1999: a.a.o. S. 25 ff
[30] vgl. Meier-Braun 2005: a.a.o. S. 80 ff
[31] vgl. Tröster 2005: a.a.o. S. 147 ff

zung können sie sich im fremden Land kaum zurechtfinden.[32] Die meisten von ihnen gehören zu der Bevölkerungsgruppe mit niedrigstem Einkommen. Das Risiko arbeitslos zu werden ist für die ausländischen Arbeitnehmer mindestens doppelt so hoch wie für die inländischen Arbeitnehmer.[33] Integrationsmaßnahmen, die zur Gleichstellung der ausländischen Arbeitnehmer mit den Einheimischen beitragen, sieht der Staat nicht vor. Immerhin sind die Arbeitnehmer aus dem Ausland, durch bereits bestehende Integrationsmaßnahmen, in Deutschland besser gestellt als in vielen Nachbarländern.[34]

2.2. Lebensbedingungen der Kinder und Jugendlichen in ausländischen Familien

2.2.1. Zur allgemeinen Situation

2.2.1.1. Wohnsituation

Die Zuwandererfamilien sind auf dem Wohnungsmarkt benachteiligt. Nach den Daten aus 2000 steht ausländischen Familien mit Kindern weniger als 1 Zimmer pro Person zur Verfügung.[35] Darunter leiden die Familien mit niedrigerem Einkommen, die mit mehreren Kindern gezwungen sind, zum günstigen Mietpreis in sanierungsbedürftigen Häusern auf unbestimmte Zeitdauer anzusiedeln. Aufgrund der eingeschränkten Beschäftigungsmöglichkeiten sind ländliche Gebiete für die ausländische Bevölkerung eher unattraktiv. Die meisten Zuwandererfamilien sind überproportional in industriellen Wohnsiedlungen der Großstädte vertreten. Eine oder mehrere ethnische Gruppen konzentrieren sich in einzelnen Stadteilen der großen und mittelgroßen Städte. Dabei besteht die Gefahr, dass diese Stadteile zu sogenannten „ethnischen Enklaven“ werden, da die deutsche Bevölkerung zum Rückzug aus diesen Stadtteilen tendiert.[36] In einigen Bundesgebieten siedeln sich sogar die Familien aus einer bestimmten Gegend eines Herkunftslandes gezielt an. Z.B in Nordrhein-Westfalen leben überwiegend türkische Familien aus einem anderen Teil der Türkei, als in Berlin.[37]

---

[32] vgl. Neumann 1981: a.a.o. S. 99
[33] vgl. Bundesministerium für Familie, Senioren, Frauen und Jugend 2000:a.a.o.S.XXIIf
[34] vgl. Berger 2000: a.a.o. S. 82
[35] vgl. Bundesministerium für Familie, Senioren, Frauen und Jugend 2000: a.a.o. S.161f
[36] vgl. ebda S. 156 ff
[37] vgl. ebda S. 75

2.2.1.2. Lebensstil und Lebenswelt

Die ausländischen Kinder und Jugendlichen empfinden Deutschland nicht als ihr Heimatland. Die meisten von ihnen, auch in der dritten Generation, werden nicht assimiliert. Auch ihre Familien gründen die ausländischen Jugendlichen überwiegend mit einem Partner derselben ethnischen Gruppe; häufig holen sie den Ehepartner aus dem Herkunftsland nach.[38]

Die ausländischen Familien passen ihre Lebensorganisation an die Traditionen der Heimatgesellschaft an. Es kann aber vorkommen, dass die gewöhnliche Lebensweise in der Migration nicht durchgesetzt werden kann. Z.B. türkische Familien, für die es üblich ist, in großen Familie zu leben, sind auf die Umgestaltung der Lebensform in der Migration angewiesen, da ein Teil der Familie in der Türkei geblieben ist.[39] Außerdem wenden die Familien fast ausschließlich die mitgebrachten Normen an, ohne soziale und kulturelle Entwicklungen der Herkunftsgesellschaft zu verfolgen. Der Lebensstil der Familie wird im Aufnahmeland modifiziert. Es entwickelt sich ein neuer Familientyp, der weder den Orientierungskriterien des Herkunftslandes, noch jenen des Aufnahmelandes entspricht.[40] Das Leben in der Isolation von der Mehrheitsbevölkerung, unter eigenen Wertvorstellungen, im Kontext mit der unstabilen finanziellen Lage, hat häufig zur Folge, dass die Orientierungslosigkeit der Eltern bei den Zuwandererkindern wieder zu erkennen ist.[41]

2.2.1.3. Erziehung

In vielen Herkunftsgesellschaften der Zuwanderer werden Kinder im unmittelbaren Zusammenhang mit der Altersfürsorge der Eltern betrachtet. Es wird eine „optimale“ Anzahl von Kindern angestrebt, die eine ausreichende Versorgung im Alter sichern können. Deswegen ist die Geburtenrate in ausländischen Familien durchschnittlich höher als im Vergleich zu Deutschen.[42] Im Laufe der Integration passt sie sich den deutschen Verhältnissen an. Bereits in der weiteren Zuwanderergeneration ist eine Tendenz zu niedrigerem Kinderanteil zu beobachten.[43]

[38] vgl. Neumann u. Popp 1997: a.a.o. S. 61 ff
[39] vgl. Neumann 1981: a.a.o. S. 62 f
[40] vgl. Lopez-Blasco 1979: a.a.o. S. 75 f
[41] vgl. Neumann 1981: a.a.o. S. 115 f
[42] vgl. Bundesministerium für Familie, Senioren, Frauen und Jugend 2000: a.a.o.S.101ff
[43] vgl. Berger 2000: a.a.o. S. 26 ff

Für die Zuwandererfamilien ist es eine Herausforderung, in Deutschland ihre Kinder großzuziehen. Die Beziehung der Eltern zu ihren Kindern ist oft nicht durch Freude an Kindern geprägt, sondern durch vielseitige Erwartungen. In vielen Familien werden den Kindern die familiären Belastungen sehr früh zugeteilt, z.B. die Arbeit im Haushalt, Mitverdienst etc.[44] Für kinderreiche Familien entstehen im Einwanderungsland zusätzliche Aufwendungen, die mit der Involvierung der Kinder in die Haushaltstätigkeiten nicht gedeckt werden können. Deshalb lassen oft viele Zuwanderer einen Teil ihrer Kinder im Herkunftsland bei den Verwandten zurück.[45]

Die Kinder der Zuwandererfamilien werden in der Regel nach dem mitgebrachten Muster der Herkunftskultur erzogen. Die Werte der Aufnahmegesellschaft werden kaum in die Erziehung übernommen. Die Erziehungsmaxime in den Zuwanderungsfamilien ist abhängig vom Ausbildungsniveau, dem Herkunftsland und der ethnischen Zugehörigkeit der Eltern, sowie dem Geschlecht des Kindes. So wurde herausgefunden, dass die Eltern türkischer Herkunft höhere Leistungen und emotionale Bindung von ihren Kindern erwarten. In griechischen und italienischen Familien werden bei der Erziehung „Empathie“ und „Religiosität“ in den Vordergrund gestellt, während in türkischen Familien „Empathie“ und „Leistung“ vorherrschend sind. Z.B. unterscheidet sich der Erziehungsstil türkischer Familien deutlich vom Erziehungsstil deutscher Familien. Er ist eher mit dem Erziehungsstil der in der Türkei lebenden Familien zu vergleichen.[46]

Wenn die Zuwandererkinder die Werte und Normen einer anderen Kultur erlernen, werden diese aus Furcht und Respekt vor der, in vielen Familien herrschenden Autoritätsstruktur, vor allem vor der absoluten Autorität des Vaters, nicht angewendet. Das Aufrechterhalten der Familiennormen führt oft dazu, dass die Kinder keine sichere Vorgehensweise in ihrem Handeln und in ihrer Kommunikation im Außenleben entwickeln können. Außerdem sind die Kontakte zu den Einheimischen, bzw. Kindern anderer Nationalitäten, nicht in allen Zuwandererfamilien erwünscht. Aus diesem Grund finden die Zuwandererkinder kaum Freunde in der Schule. Dies verursacht häufig Desinteresse am Schulbesuch und schlechte Leistungen.[47]

[44] vgl. Bundesministerium für Familie, Senioren, Frauen und Jugend 2000: a.a.o. S. 95ff
[45] vgl. ebda S. 101 ff
[46] vgl. ebda S. 106 ff
[47] vgl. Neumann 1981: a.a.o. S. 115 f

2.2.2. Differenzierung der Lebenslage nach Zuwanderergruppen

2.2.2.1. Zur Situation der Kinder und Jugendlichen in Aussiedlerfamilien

2.2.2.1.1. Aussiedlersituation

Aussiedler sind Deutsche oder deutscher Abstammung im Sinne § 116 des Grundgesetzes. Der Rechtsstatus der Aussiedler ist stark differenziert, die Differenzierung kann auch innerhalb einer Familie vorkommen. Grundvoraussetzung für die Anerkennung als Aussiedler ist die deutsche Volkszugehörigkeit oder die deutsche Staatsangehörigkeit sowie ausreichende Deutschkenntnisse des Antragstellers. Aus dem Status ergibt sich Art und Umfang der Ansprüche auf verschiedene Sozialleistungen, die zunehmend gekürzt werden.[48] Die Gesamtzahl der zwischen 1950 und 2000 eingereisten Aussiedler liegt bei ca. 3,8 Mio. Menschen.[49] Mit der Einführung des Zuwanderungsgesetzes wurde eine jährliche Quote zur Aufnahme von Aussiedlern festgelegt.

Die Zuwanderung von Aussiedlern fand zunächst zwischen 1945 und 1950 statt. Ihre Anzahl war damals ziemlich niedrig. Zwischen 1976 und 1989 war Polen das Hauptherkunftsland der Aussiedler. Seit 1990 gehören die Nachfolgestaaten der Sowjetunion zu den Hauptherkunftsländern. Aus Rumänien ist ein relativ geringer Anteil der Aussiedler nach Deutschland zugezogen, am höchsten war dieser – über 111 000 – im Jahre 1990. Aus der damaligen CSSR sind Ende der 60er einmal über 15 000 Aussiedler hinzugekommen. Ein unwesentlicher Anteil der Aussiedler stammt aus sonstigen Ländern.[50]

2.2.2.1.2. Lebenssituation in Aussiedlerfamilien aus der ehemaligen Sowjetunion

a) Wohn- und Lebensverhältnisse

Nach der Einreise und Aufnahme in die erste Unterkunft, in der sie in der Regel nur eine kurze Zeit bleiben, werden die Aussiedlerfamilien in sog. „Übergangswohnheime" eingewiesen. Dort verbleiben sie häufig mehrere Jahre. Die Wohnsituation in den Wohnheimen ist außergewöhnlich schlecht. Für eine ganze Familie steht manchmal nur ein kleines Zimmer

---

[48] vgl. Tröster 2005: a.a.o. S. 147 ff
[49] vgl. Berger 2000: a.a.o. S. 23 ff
[50] vgl. Tröster 2005: a.a.o. S. 147 ff

zur Verfügung, in dem kein Familienmitglied einen freien Raum für sich in Anspruch nehmen kann.[51] Unter anderem ist der Missbrauch von Alkohol das offene Thema vieler Wohnheime.[52]

Aufgrund der finanziellen Schwierigkeiten können die meisten Familien nur in soziale Wohnungen oder in günstige Privatwohnungen einziehen.[53] Dabei werden Stadtviertel mit vielen Aussiedlern und bereits vorhandener russischer Infrastruktur, die den alltäglichen Bedürfnissen entgegen kommt, bevorzugt.[54] In den Gebieten mit höherem Aussiedleranteil leben die Familien in der sozialen Isolation von der deutschen Bevölkerung, insbesondere die Aussiedler, die nach den 90ern nach Deutschland eingewandert sind. Sie sprechen miteinander ausschließlich russisch und versorgen sich mit russischen Medien.[55]

b) Sozio-ökonomische Situation

Bis zum Ende der 80er galten die Aussiedler als leicht integrierbare Zuwanderergruppe. Im Laufe der Zeit fiel es ihnen immer schwerer, sich in das Gesellschaftsleben Deutschlands zu integrieren.[56]

Zum großen Teil reisen die Aussiedlerfamilien fast mittellos in Deutschland ein und sind auf öffentliche Unterstützung angewiesen. Die Bildungsabschlüsse und Berufsqualifikationen, die sie in ihren Herkunftsländern erwerben, entsprechen oft nicht den deutschen Anforderungen. Außerdem haben die meisten Aussiedler sprachliche Probleme.[57]

Aufgrund der verkürzten Integrationshilfen ist es für Aussiedler mit einem Hochschulabschluss schwierig, eine entsprechende Beschäftigung zu finden; bei der Eingliederung in den Arbeitsmarkt müssen sie die berufliche Herabstufung ihrer Qualifikation und den Statusverlust in Kauf nehmen. Für Aussiedler, die im Herkunftsland zu verschiedenen sozialen Gruppen gehören, kommen in Deutschland meistens nur geringwertige Tätigkeiten in Frage, die bereits unter anderen Zuwanderergruppen hoch nachgefragt sind.[58]

---

[51] vgl. Dietz 1999: a.a.o. S. 12 f
[52] vgl. ebda S. 22 ff
[53] vgl. ebda S. 12 f
[54] vgl. ebda S. 22 ff
[55] vgl. Tröster 2005: a.a.o. S. 156 ff
[56] vgl. ebda S. 152 ff
[57] vgl. Dietz 1999: a.a.o. S. 22 ff
[58] vgl. Tröster 2005: a.a.o. S. 152 ff

c) Lebensbedingungen unter Einfluss der sozio-ökonomischen Situation

Die Familie hat eine ernorme Bedeutung im Leben von Aussiedlerkindern und -jugendlichen. Die meisten Aussiedlerfamilien haben noch die großfamiliäre Lebensform bewahrt. Wichtige Entscheidungen, wie z.B. zur Migration nach Deutschland, werden in Großfamilien in der Regel gemeinsam getroffen. Die Großfamilien orientieren sich immer noch an die patriarchalisch geprägten Traditionen mit Rollendifferenzierung zwischen Mann und Frau.[59]

Infolge der Aufnahme einer Beschäftigung unter schlechterer beruflicher Platzierung als im Herkunftsland, scheitert die Autorität des Mannes als Ernährer der Familie. Allerdings ist es ein besonders großes Problem, wenn für Männer keine Möglichkeit besteht, eine Arbeit zu finden; dann ist die Familie auf die Unterstützung des Staates oder eines Verwandten angewiesen. Nach dem vergeblichen Versuch ihre Probleme zu lösen, greifen die Männer oft zu Alkohol.[60]

Viele der Kinder und Jugendlichen aus Aussiedlerfamilien leben unfreiwillig in einer niedrigeren sozialen Position, als sie es im Herkunftsland gewohnt sind; besonders schlecht ist die Lebenssituation der Kinder und Jugendlichen in kinderreichen Aussiedlerfamilien. Für die jungen Aussiedler wurde Migration mit Aufstiegserwartungen assoziiert. Stattdessen leben sie in beengten wirtschaftlichen Verhältnissen und sehen dem sozialen Untergang ihrer Eltern zu.[61]

Allerdings bewahren die Familien in der Regel ihren Zusammenhalt, der bei der segregierten Lebensweise in der Aufnahmegesellschaft zu Verschlossenheit innerhalb des Familielinkreises führen kann. Einerseits ist die notwendige Unterstützung der Mitglieder untereinander in der Aussiedlergroßfamilie gewährt. Andererseits werden die Mitglieder der Familie voneinander abhängig und distanzieren sich gemeinsam noch mehr von der Mehrheit der Bevölkerung. Somit wird die Integration der Kinder und Jugendlichen in die deutsche Gesellschaft durch familiären Einfluss erschwert.[62]

d) Erziehung

Die Aussiedlerfamilien wenden in der Regel die Erziehungsmethode des Herkunftslandes an. Wichtig ist für die Aussiedlerkinder, den Respekt vor der Autorität der Eltern und der Familie zu haben. Es wird auch ein morali-

[59] vgl. Dietz 1999: a.a.o. S. 29 ff
[60] vgl. ebda S. 22 ff
[61] vgl. ebda S. 22 ff
[62] vgl. ebda S. 29 ff

sches Bewusstsein von den Kindern erwartet. Ihnen wird weniger Selbständigkeit gewährt, als Kindern in einer deutschen Regelfamilie.[63] In vielen Angelegenheiten wird nach Meinung der Eltern bzw. weiterer Familienangehöriger gefragt. Mädchen werden auf die traditionelle Frauenrolle orientiert. Allerdings sind im Herkunftsland geprägte Lebensweisen und -ziele nicht immer in der Migration umsetzbar und aktuell. Die erwachsenen Mitglieder der Familie halten aber an ihren Normen und Werten fest. Daher erfahren die Aussiedlerkinder und -jugendlichen Schwierigkeiten, wenn sie versuchen gleichzeitig der deutschen Gesellschaft und ihren Eltern zu entsprechen.[64]

e) Freizeit

Die Freizeit in Aussiedlerkreisen richtet sich nach der Tradition des (früheren) Heimatlandes. Am kulturellen Leben der einheimischen Bevölkerung nehmen die Familienmitglieder meistens nicht Teil.[65] Die Kinder und Jugendlichen bevorzugen Kontakte mit den Zugehörigen derselben Gruppe und im familiären Kreis. Unter den eigenartigen Lebensumständen haben sie ja auch keine Gelegenheit, den Kontakt mit einheimischen Altersgenossen anzuknüpfen.[66]

2.2.2.2. Zur Situation der Kinder und Jugendlichen in Gastarbeiterfamilien

2.2.2.2.1. Entstehen von Gastarbeiterfamilien in der Bundesrepublik

a) Anwerbung ausländischer Arbeitskräfte

Im Interesse des deutschen Arbeitsmarktes wurden die ausländischen Arbeitskräfte zwischen 1952 und 1973 angeworben. Außerdem wurden durch Anwerbeverfahren die Arbeitsmärkte der Anwerbensländer entlastet.[67] 1955 wurde das erste Anwerbeabkommen zwischen Italien und Deutschland geschlossen. 1960 folgte das Abkommen mit Spanien und Griechenland, 1961 mit der Türkei, 1963 mit Marokko, 1964 mit Portugal, 1965 mit Tunesien, 1968 mit Jugoslawien.[68]

Die Anzahl der Vertreter dieser Länder war bereits zu Beginn des Anwerbung nicht gleich und im Folgezeitraum auch nie konstant. Z.B sank die Zahl der Italiener, Spanier und Griechen Ende 60er, demgegenüber nahm

[63] vgl. ebda S. 29 ff
[64] vgl. ebda S. 31 ff
[65] vgl. Tröster 2005: a.a.o. S. 156 ff
[66] vgl. Dietz 1999: a.a.o. S. 27 ff
[67] vgl. Jamin 1999: a.a.o. S. 146
[68] vgl. Berger 2000: a.a.o. S. 26 ff

der Anteil der Arbeiter aus Jugoslawien und der Türkei deutlich zu.[69] Bis 1970 stammten die meisten Gastarbeiter aus Italien, danach waren es die aus Jugoslawien. Seit 1972 sind die türkischen Gastarbeiter in Deutschland in der absoluten Mehrheit.[70]

b) Rolle der Gastarbeiter in der deutschen Gesellschaft
Die ersten alleinstehenden Gastarbeiter wurden von der Bundesanstalt für Arbeit direkt an die Betriebe vermittelt. Die Aufnahmequote wurde staatlich nicht kontrolliert.[71]

Das Einsatzfeld der Arbeiter war häufig in gefährlichen Bereichen, z.B. in der Asbestindustrie, zumeist unter schlechten Arbeits- und Sozialbedingungen. Bereits das Vorhandensein ausländischer Gastarbeiter im Betrieb gewährte deutschen Arbeitern eine übergeordnete Stellung. Eine Möglichkeit des sozialen Aufstiegs wurde nur den einheimischen Arbeitskräften vorbehalten. Mit dem Erwerb einer „professionellen Erkrankung" blieb ihnen nichts anderes übrig, als eine vorzeitige Rückkehr in das Heimatland.[72]

Dic ausländischen Arbeiter wurden zunächst nur vorübergehend angeworben. Nach einer kurzfristigen Arbeitsaufnahme wurden sie mit neuen Arbeitern ausgetauscht. Dieses Modell erwies sich unpraktisch für die Betriebe. Die Lösung war dabei, die Arbeiter anzulernen und langfristig zu beschäftigen, sowie den Nachzug ihrer Familienmitglieder zu gestatten, um ein längeres Beschäftigungsverhältnis zu gewährleisten.[73] Somit war die Arbeitsmigration wider Erwarten nicht vorübergehend.[74]

2.2.2.2.2. Lebenssituation in türkischen Gastarbeiterfamilien

a) Lebensverhältnisse
Im Laufe der Migration hat sich die Lebensweise türkischer Gastarbeiterfamilien in Deutschland mehr oder weniger standardisiert. Die Familien mit mehreren Kindern haben meistens ein sehr niedriges Bildungsniveau. Durch eine höhere Anzahl an Kindern sind die Eltern oft gehindert am Arbeitsleben teilzunehmen. Je besser die Familienmitglieder gebildet sind, desto wahrscheinlicher ist ihre Integration in die Aufnahmegesellschaft.[75]

---

[69] vgl. Bundesministerium für Familie, Senioren, Frauen und Jugend 2000: a.a.o. S. 34ff
[70] vgl. Jamin 1999: a.a.o. S. 151 ff
[71] vgl. Langenohl-Weyer u. Wennekes 1979: a.a.o. S. 9 ff
[72] vgl. Bundesministerium für Familie, Senioren, Frauen und Jugend 2000: a.a.o. S. 34ff
[73] vgl. Berger 2000: a.a.o. S. 26 ff
[74] vgl. Motte u.a. 1999: a.a.o. S. 15 ff
[75] vgl. Bundesministerium für Familie, Senioren, Frauen und Jugend 2000: a.a.o.S.101ff

Die türkischen Gastarbeiterfamilien in der ersten Generation haben ihren Aufenthalt in Deutschland als vorübergehend betrachtet und daher keine Integration angestrebt; sie gelten weiterhin als nicht integriert.[76] Aber trotz Festhaltens an den Normen des Heimatlandes wurde die traditionelle Struktur einer türkischen Familie durch erzwungene Lebensumstellung, z.B. die Erwerbstätigkeit der Ehefrau, erschüttert; patriarchalische Strukturen kommen in der Familie weniger zum Ausdruck.[77]

b) Wohnverhältnisse

Das Leben türkischer Gastarbeiterfamilien in der ersten Generation wurde durch Konsumverzicht geprägt.[78] Nach Neumans Beobachtungen mietete eine türkische Gastarbeiterfamilie zunächst eine günstige Wohnung, die zumeist sehr klein war. Wenn aufgrund des Familienzuwachses mehr Platz benötigt wurde, zog die Familie in eine größere und schlechter ausgestattete Wohnung zu demselben Mietpreis, auch in dem Fall, wenn das Gesamteinkommen der Familie einen besseren Stand erreichte.[79]

Die prekären Lebensbedingungen türkischer Familien im Zuwanderungsland, vor allem das Leben in Ghettos unter enormer Sparsamkeit, sowie Ausgrenzung seitens der Einheimischen, haben dazu geführt, dass sich auch die Integrations- und Bildungschancen junger Generationen verringert haben. Die meisten türkischen Jugendlichen in gefährdeten Wohngebieten erhalten nur unzureichende Bildung und Ausbildung. Aufgrund der Perspektivlosigkeit steigen viele von ihnen in die organisierte Kriminalität ein. Z.B. die Drogenszene und das Rotlichtmilieu werden in vielen Regionen Deutschlands von Personen türkischer Herkunft kontrolliert.[80]

c) Wirtschaftliche Situation

Die türkischen Gastarbeiterkinder und -jugendlichen kommen überwiegend aus den Familien mit niedriger Bildung. Das geringste Bildungsniveau unter der Gastarbeiterbevölkerung besitzen (neben den italienischen) die türkischen Gastarbeiterfamilien in der ersten Generation. Die ersten Gastarbeiter wurden zumeist als ungelernte oder angelernte Arbeiter eingesetzt. Sie arbeiteten unter schlimmsten Bedingungen, oft in gefährlichen Betrieben, mit sehr ungünstigen Arbeitszeiten. Sie hatten sehr niedrige Einkommen, derzeit beziehen die ehemaligen Arbeiter niedrige Renten.[81]

---

[76] vgl. Sen u. Goldberg 1994: a.a.o. S. 31 f
[77] vgl. Neumann 1981: a.a.o. S. 43 ff
[78] vgl. Sen u. Goldberg 1994: a.a.o. S. 29 f
[79] vgl. Neumann 1981: a.a.o. S. 65 ff
[80] vgl. Sen u. Goldberg 1994: a.a.o. S. 42 f
[81] vgl. ebda S. 33

Dadurch, dass die weiteren Generationen von Gastarbeitern zunehmend an der Bildung teilnehmen, sinkt der Anteil der Arbeiter unter der türkischen Gastarbeiterbevölkerung. Dabei steigt der Anteil der Angestellten. Allerdings ist der Anteil der Arbeiterfamilien mit sehr niedrigem Einkommen unter der türkischen Gastarbeiterbevölkerung immer noch wesentlich größer als der unter den Deutschen.[82] In den Arbeitslosenstatistiken tauchen die türkischen Arbeiter häufiger als die Staatsangehörigen anderer Länder auf.[83]

d) Gesellschaftliche Stellung

Die Familien von Gastarbeiterkindern und -jugendlichen haben sehr niedrige gesellschaftliche Platzierung; dies war den türkischen Arbeitern bereits zu Beginn der Migration bekannt.[84] Diese Tatsache hatte zunächst für sie keine Bedeutung, sie nahmen ihre Positionen in der deutschen Gesellschaft gleichrangig den deutschen Arbeitern wahr. Das Leben im Ausland wurde nur als vorübergehend betrachtet; als wichtig wurde der relevante soziale Aufstieg im Heimatland angesehen.[85] Auf dem Hintergrund des langfristigen Verbleibens gaben die Väter der türkischen Kinder an, durch negative Wahrnehmung der einheimischen Gesellschaft als ausländische Arbeiter, im Zusammenhang mit relativ niedrigem Verdienst, mit ihrem Leben in Deutschland nicht zufrieden zu sein.[86]

e) Erziehung

Den Kindern in den türkischen Familien wird das Handeln im Rahmen eines hierarchisch strukturierten patriarchalischen Familiensystems beigebracht. Sie werden früh belehrt, die eigene Stellung innerhalb der Familienhierarchie zu definieren und sich mit den anderen Familienmitgliedern dementsprechend zu arrangieren. Die Erziehung erfolgt sowohl entsprechend der Platzierung in der Familienhierarchie als auch geschlechtspezifisch. Die männlichen Jugendlichen werden vorbereitet, die übergeordnete Stellung in der Hierarchie zu besetzen, die weiblichen dabei, ihnen zu gehorchen. Solche Sanktionen, wie körperliche Züchtigung, Ermahnen, Schimpfen und Beschämen etc., werden regelmäßig angewendet.[87]

In den Mittelpunkt der Erziehung wird in den türkischen Gastarbeiterfamilien, stärker als im Herkunftsland, die Orientierung an die Tradition gestellt. Dies geschieht, weil viele türkische Zuwanderer befürchten, die Werte des Heimatlandes ihren Kindern nicht ausreichend vermitteln zu kön-

---

[82] vgl.Bundesministerium für Familie, Senioren, Frauen und Jugend 2000:a.a.o.S. XXIIf
[83] vgl. Sen u. Goldberg 1994: a.a.o. S. 34
[84] vgl. ebda S. 33
[85] vgl. Jamin 1999: a.a.o. S. 151 ff
[86] vgl. Neumann 1981: a.a.o. S. 109 f
[87] vgl. Neumann 1981: a.a.o. S. 117 ff

nen.[88] Mit dem traditionsorientierten Erziehungsstil erreichen die meisten türkischen Eltern eine ernorme Ausprägung des „Nationalstolzes" bei ihren Kindern; dies behindert aber die Kinder und Jugendlichen in üblichen Situationen sich nach dem Muster des Zuwanderungslandes zu verhalten und Beziehungen mit den Einheimischen zu knüpfen.[89]

2.2.2.3. Zur Situation der Kinder und Jugendlichen in Flüchtlingsfamilien

2.2.2.3.1. Flüchtlingssituation

a) Flüchtlinge und Asylbewerber

Die Bundesrepublik Deutschland ist eines der größten Aufnahmeländer für die Flüchtlinge in der Welt. Die Flüchtlingsfamilien wählen aus zwei wichtigen Gründen Deutschland als Ziel: wegen der günstigen geographischen Lage und des wirtschaftlichen Anreizes. Die Flüchtlingsfamilien in Deutschland sind Vertreter verschiedener Nationalitäten. Die Flüchtlingsströme erfolgen aus unterschiedlichen Weltregionen, meistens aus den Ländern, in welchen Krieg, Bürgerkrieg, Ausnahmezustand und (oder) Elend herrscht.[90] Laut BMI von 2004 gab es in Deutschland etwa 1 Mio. Flüchtlinge.[91]

Der Flüchtlingsstatus unterliegt in Deutschland rechtlicher Differenzierung: Asylbewerber, anerkannte Asylbewerber, Konventionsflüchtlinge, Kontingentflüchtlinge, Kriegs- und Bürgerkriegsflüchtlinge und De-facto-Flüchtlinge. Viele der Flüchtlinge, die nicht als Asylberechtigte anerkannt werden, bleiben trotzdem in Deutschland, weil sie aus irgendeinem Grund nicht in ihr Herkunftsland zurückkehren können. Seit der Ankündigung des Anwerbestopps ist Asyl eine der wenigen Möglichkeiten, für viele nur der einzige Weg, in Deutschland auf Dauer Fuß zu fassen.[92]

b) Minderjährige unbegleitete Flüchtlinge

Die minderjährigen unbegleiteten Flüchtlinge sind Kinder und Jugendliche, die ohne Familienangehörige nach Deutschland gekommen sind, oder von denen zurückgelassen wurden. Vielen Kindern und Jugendlichen dieser Gruppe fehlen die Chancen im Heimatland; sie haben auch keinerlei Perspektive in Deutschland. Einige von ihnen sind in allgemeinen Asylbewer-

---

[88] vgl. Sen u. Goldberg 1994: a.a.o. S. 54 f

[89] vgl. Neumann 1981: a.a.o. S. 117 ff

[90] vgl. Berger 2000: a.a.o. S. 31ff

[91] vgl. Bundesministerium des Inneren. a.a.o.

[92] vgl. Bundesministerium für Familie, Senioren, Frauen und Jugend 2000: a.a.o. S. 47ff

berunterkünften sich selber überlassen. Andere wohnen in speziell betreuten Einrichtungen. Es findet auch eine gemeinsame Unterbringung von minderjährigen unbegleiteten Flüchtlingen und deutschen Kindern und Jugendlichen statt.[93]

c) Illegale und Durchreisende

Es gibt keine annähernd richtigen statistischen Angaben über illegal sich aufhaltende Menschen in Deutschland. Einige der Menschen reisen z.B. mit gefälschten Dokumenten oder ohne gültiges Visum ein, andere bleiben, nach dem ihre Aufenthaltsgestattung abläuft, weiter in Deutschland. Zu den illegal bleibenden Menschen gehören verschiedene Ausländergruppen: EU-Drittländer, Gastarbeiter, Aussiedlerfamilienmitglieder ohne Einreisegenehmigung etc. Diese Menschen werden nur von den Verwandten oder Bekannten unterstützt. Es gibt in Deutschland keine Legalisierungsprogramme für sie und kaum einen Zugang zu jedweden (sozialen) Leistungen. Auch der Zugang zu Bildung und Ausbildung für Kinder aus den Familien ohne Bleiberecht ist ein ungelöstes Problem.[94] Mit dem Inkrafttreten des Zuwanderungsgesetzes hat sich die Situation der Zugehörigen dieser Gruppe nicht verändert.[95]

2.2.2.3.2. Lebensbedingungen in Asylbewerberfamilien

a) Lebenssituation

Die Asylbewerberfamilien sind im Missbrauch des Asylrechts verdächtigt, dementsprechend werden sie zumeist auch behandelt.[96] Sie dürfen sich z.B. nur im Bezirk der zuständigen Ausländerbehörde aufhalten.[97] Während des Asylverfahrens, das eine unbestimmte Zeitdauer hat, sind die Asylbewerberfamilien, oft mit mehreren Kindern, verpflichtet in den Sammelunterkünften unter abschreckenden Bedingungen zu wohnen.[98] Wenn die erwachsenen Mitglieder einer Familie nicht gleichzeitig in Deutschland ankommen, werden sie möglicherweise nicht in der gleichen Unterkunft untergebracht. Sie können auch in verschiedenen Wohnbezirken verteilt werden, dabei bleiben die minderjährigen Kinder bei einem Elternteil. Der Kontakt zum anderen Elternteil kann aufgrund der Entfernung des Wohnortes eingeschränkt bleiben.[99] Außerdem ist bei vielen Asylbewerberfamilien die Aufenthaltsdauer in Deutschland ungewiss. Sie befinden sich in einer

[93] vgl. Holzapfel 1999: a.a.o. S. 181 ff
[94] vgl. Bundesministerium für Familie, Senioren, Frauen und Jugend 2000: a.a.o. S. 62ff
[95] vgl. Köhnlein 2005: a.a.o. S. 201 ff
[96] vgl. Berger 2000: a.a.o. S. 81 f
[97] vgl. Holzapfel 1999: a.a.o. S. 69 f
[98] vgl. Bundesministerium für Familie, Senioren, Frauen und Jugend 2000: a.a.o. S. 54
[99] vgl. ebda S. 50 ff

auswegslosen Situation ohne Zukunftsperspektive. Des Weiteren haben sie oft Anpassungsprobleme, die aufgrund kultureller Unterschiede entstehen.[100]

b) Wirtschaftliche Situation
Sehr dramatisch ist die finanzielle Lage der Asylbewerberfamilien. Diejenigen, die sich auf die Flucht begeben, besitzen meistens nichts oder lassen ihren ganzen Besitz im Heimatland zurück. Überwiegend beziehen die Asylbewerberfamilien Hilfe zum Lebensunterhalt, die geringer als der Regelsatz vergleichbarer Hilfen für die Einheimischen ist.[101] Hilfe zum Lebensunterhalt wird in einigen Bundesländern auf Sachleistungen (Lebensmittelpakete etc.) reduziert, die weder die Ernährungsgewohnheiten des Einzelnen noch die gesundheitsorientierten Kriterien berücksichtigen.[102]

In der Regel dürfen die Asylbewerber über längere Zeiträume keine legale Beschäftigung aufnehmen; die Arbeitserlaubnis wird ihnen nur abhängig von der Situation auf dem Arbeitsmarkt erteilt. Die meisten Flüchtlinge und Asylsuchenden können nur dann mit der Erteilung einer Arbeitserlaubnis rechnen, wenn kein bevorrechtigter Bewerber dem Arbeitgeber zur Verfügung steht. Deshalb kommen für sie nur die Tätigkeiten in Frage, die wenig Interesse bei übrigen Bevölkerungsgruppen erwecken.[103]

c) Alltagssituation
In dem Raum, in dem die Schulkinder tagsüber ihre Hausaufgaben machen, können gleichzeitig andere Geschwister spielen. Nachts, aufgrund mangelnder Schlafräume, können die Kinder das Intimleben ihrer Eltern beobachten. In den Nachbarräumen konsumieren weitere Bewohner Alkohol bzw. Drogen. Die Menschen in den Unterkünften gehen weniger freundlich miteinander um. Die Familien mit Kindern sind oft in Konflikte mit ihren Nachbarn involviert. Gestritten wird um jede Kleinigkeit, z.B. um eine Kochstelle in der Gemeinschaftsküche, um Putzdienst etc. Auch von den Betreibern der Unterkünfte werden die Familien schikaniert. Es wurde z.B. oft von unberechtigten Kürzungen der Sozialhilfe berichtet. In manchen Wohnheimen wird die Anwesenheit der Flüchtlinge bis zu zwei mal am Tag kontrolliert; ihre Besucher (auch Einheimische) werden von den Betreibern nicht in die Unterkünfte eingelassen etc.[104]

[100] vgl. Holzapfel 1999: a.a.o. S. 146 f
[101] vgl. ebda S. 77
[102] vgl. ebda S. 79 f
[103] vgl. Kleyer – Zey 2003: a.a.o. S. 184 f
[104] vgl. Holzapfel 1999: a.a.o. S. 70 ff

Auch außerhalb der Unterkünfte werden die Kinder unzähligen Diskriminierungen ausgesetzt.[105] Wenn z.B. die Familie beim Ausländeramt vorspricht, erfahren die Kinder feindliches Verhalten der Beamten ihrer Familie gegenüber.[106] In der Schule haben die Asylbewerber- bzw. Flüchtlingskinder die schlechteste Stellung unter den Kindern. Sie unterliegen häufiger als ausländische Kinder anderer Gruppen der Diskriminierung und Ausgrenzung. Aufgrund ihres Rechtstatus geraten sie oft in Verlegenheit, welche sie zusätzlich belastet. Z.B. muss für eine Klassenfahrt, aufgrund der Beschränkung ihres Aufenthaltsrechtes in einem bestimmten Gebiet, eine amtliche Genehmigung beantragt werden; hinzukommt, dass die Reisekosten für die Familien zu hoch sind.[107]

Unter solchen Lebensbedingungen sind die Auseinandersetzungen innerhalb der Familie nicht zu vermeiden. Besonders dramatisch ist die Ausgangslage für die Familien, die in ihrem Herkunftsland zu untersten sozialen Schichten gehören und zudem nur über ein niedriges Bildungsniveau verfügen. Sie können sich schlecht in der Fremde zurechtfinden. Ihre Hilflosigkeit fällt den wachsenden Kindern schnell auf und führt zum scheitern der Elternautorität.[108]

[105] vgl. ebda S. 70 ff
[106] vgl. ebda S. 80 f
[107] vgl. Ringel u. von Balluseck, Hilde 2003: a.a.o. S. 178 f
[108] vgl. Holzapfel 1999: a.a.o. S 148 f

3. Benachteiligung durch soziale Herkunft im deutschen Bildungssystem

3.1. Relevante Institutionen für die Bildungsbenachteiligung

3.1.1. Schulpflicht

3.1.1.1. Entstehung der Schulpflicht

Versuche durch restriktive Maßnahmen die Bevölkerung zu verpflichten, ihre Kinder am Schulunterricht teilnehmen zu lassen, wurden bereits zu Beginn des 18. Jahrhunderts seitens zahlreicher Landesherren in Preußen unternommen; ob die Versuche überhaupt jemals erfolgreich durchgesetzt wurden, ist durch keinerlei Beweise belegt. Beginn des 19. Jahrhunderts waren, nach damaligen statistischen Angaben, etwa 60% der Kinder im schulischen Alter an den öffentlichen Schulen registriert. Im ländlichen Gebieten nahmen die Kinder oftmals nur im Winter am Unterricht teil, weil sie sonst in den Feldarbeiten gebraucht wurden.[109] Ebenso konnten viele Arbeiterfamilien in preußischen Städten aus finanzieller Not nicht darauf verzichten, ihre Kinder zum Mitverdienst einzusetzen. Außerdem würde die Einführung einer Schulpflicht mit damaliger „Unternehmerfreiheit" nicht übereinstimmen. Nur in der zweiten Hälfte des 19. Jahrhunderts, aufgrund der industriellen Entwicklung, konnten die Unternehmer ohne Kinderarbeit auskommen. Erst dann wurde die einheitliche Schulpflicht durchgesetzt.[110]

3.1.1.2. Schulpflicht in der Gegenwart

Als schulpflichtig gelten die Kinder, die zum 30 Juni des laufenden Jahres 6 Jahre alt werden.[111] In einigen Bundesländern ist es zulässig, das Kind später bzw. früher einschulen zu lassen (Hamburg, Hessen, Rheinland-Pfalz, Saarland). Die Schulpflicht dauert in den meisten Bundesländern 9 Jahre in der Vollzeitschule, in Berlin, Brandenburg, Bremen und Nordrhein-Westfalen 10 Jahre. Im Anschluss an die Schulpflicht tritt bis zum Eintritt der Volljährigkeit die Berufsschulpflicht ein, die auch mit der Teilnahme an der gymnasialen Oberstufe durchgeführt werden kann.[112] Die Ju-

[109] vgl. Herrlitz u.a. 1998: a.a.o. S. 52
[110] vgl. ebda S. 53 f
[111] vgl. Führ 1996: a.a.o. S. 100 ff
[112] vgl. Wikipedia die freie Enzyklopädie 2006: a.a.o.

gendlichen, die aus dem einen oder anderen Grund nicht an der Sekundarstufe II oder einer berufsbildenden Schule in Vollzeit teilnehmen, haben die Möglichkeit, eine berufsbildende Schule in Teilzeit zu besuchen etc.[113]

3.1.2. Bildungseinrichtungen

3.1.2.1. Kindergarten und Vorschule

3.1.2.1.1. Kindergarten

Die Kindergärten werden von berufstätigen Eltern zunehmend in Anspruch genommen. Die Einrichtungen für die vorschulische Erziehung werden ergänzend zu der familiären Erziehung angeboten. Das Kindergartenalter liegt zwischen dem dritten und siebten Lebensjahr. Die Kinder werden zum Besuch des Kindergartens nicht verpflichtet, vielmehr steht jedem Kind in Deutschland seit dem 03.05.1993 das Recht auf einen Platz im Kindergarten zu. Gleichzeitig besteht ein Mangel an Kindergartenplätzen. Die meisten Kindergärten in Deutschland sind in privater Trägerschaft z.B. Kirchen, Arbeiterwohlfahrt, Privatpersonen etc. Einige Kindergärten werden von Gemeinden geführt, alle unterliegen aber staatlicher Kontrolle. Der Kindergartenbesuch ist nicht kostenlos. Die Kosten können vom Jugendamt übernommen werden, wenn sie eine erhebliche Belastung für die Familie darstellen.[114]

3.1.2.1.2. Vorschule

Zum Vorschulbereich gehören Schulkindergärten, Vorklassen und Eingangstufen. Die Schulkindergärten werden von den Kindern im schulpflichtigen Alter besucht, die noch nicht schulreif sind und vor der Schule im ersten Schuljahr zurückgestellt werden; es besteht keine Pflicht zum Besuch solcher Einrichtungen.[115] Die Vorklassen können freiwillig ein Jahr vor der Einschulung in Anspruch genommen werden. Die Vorklassen befinden sich zumeist in der Obhut der Grundschulen. Die Eingangsstufen sind zweijährig und überschneiden sich in der Organisation mit den Grundschulen.[116]

---

113 vgl. Döbert 2002: a.a.o. S. 95 f
114 vgl. Führ 1996: a.a.o. S. 97 ff
115 vgl. ebda S. 108 f
116 vgl. Bönsch 2004: a.a.o. S.44 f

3.1.2.2. Allgemeinbilde Schulen

3.1.2.2.1. Grundschule

Die Grundschulen in Deutschland sind zur Erfüllung der Schulpflicht im Primärbereich bestimmt. Die regelmäßige Dauer der Grundschule ist in den meisten Bundesländern vier Jahre, in Berlin und Brandenburg 6 Jahre. Die Aufgabe der Grundschule ist, den Kindern die Gründzüge des Allgemeinwissens im Lesen, Rechnen und Schreiben zu vermitteln, ihre Neigungen festzustellen und zu fördern, sowie zur Prägung der Persönlichkeit beizutragen. Der Unterricht an Grundschulen ist zum Teil spielerisch aufgebaut. Er richtet sich auf die Entwicklung von Interessen und Fähigkeiten der Schüler. Auch individuelle Möglichkeiten bzw. Lebensumstände werden berücksichtigt; gelegentlich wird auch individuell auf die Kinder eingegangen. Dabei dürfen die Kinder in der Grundschule nicht überfordert werden.[117]

3.1.2.2.2. Sekundarbereich I

a) Übergang von der Grundschule in den Sekundarbereich I

Sekundarbereich I bietet die Fortsetzung und Erweiterung der im primären Bereich erlangten schulischen Bildung. In den meisten Bundesländern gehören zum Sekundarbereich I die Schularten des dreigliedrigen Schulwesens – Hauptschulen, Realschulen und Gymnasien, sowie die Gesamtschulen. Diese Schularten unterscheiden sich durch das Unterrichtsangebot voneinander.[118]

Mit dem Unterschied zwischen den Schularten ist gemeint, dass die „Begabten“ das Abitur erlangen sollen, die „weniger Begabten“ den Hauptschulabschluss und die weiteren Schüler den Realschulabschluss.[119] Die Wahl der weiterführenden Schulart erfolgt unter Berücksichtigung der Vorstellungen der Eltern über den Bildungsweg ihrer Kinder; eine größere Rolle spielt dabei in mehreren Bundesländern aber das Gutachten der Grundschule. Die Aufnahme in die Hauptschule oder Gesamtschule ist meistens ohne besondere Voraussetzungen gewährleistet. Die Konflikte entstehen in der Regel wenn die Eltern den Übertritt an Realschule oder Gymnasium, entgegen der Grundschulempfehlung anstreben.[120]

b) Orientierungsstufe

---

[117] vgl. Führ 1996: a.a.o. S. 100 ff
[118] vgl. ebda S. 110 ff
[119] vgl. Bönsch 2004: a.a.o. S. 39 f
[120] vgl. Führ 1996: a.a.o. S. 108

Die Orientierungsstufe liegt im fünften und sechsten Bildungsjahr. In dieser Phase werden die Schüler besonders gefördert und beobachtet. Es wird ihre Eignung für die jeweilige Schulart geprüft und bestätigt. Bei Fehlentscheidungen wird ihnen die richtige Schulart empfohlen. Außerdem wird den Schülern geholfen, Orientierungen für den weiteren Bildungsweg zu entwickeln.[121]

Die Orientierungsstufe führen die Bundesländer unterschiedlich. In den meisten Ländern ist sie schulformabhängig (Nordrhein-Westfalen, Baden-Württemberg, Bayern), in manchen anderen – schulformunabhängig (Bremen, Niedersachsen). In Berlin und Brandenburg wird die Orientierungsstufe als Förderstufe bezeichnet und an den Grundschulen durchgeführt. Der Vorteil der schulformunabhängigen Orientierungsstufe liegt darin, dass die Wahl der weiterführenden Schulart erst in der sechsten Jahrgangstufe geschieht.[122]

c) Hauptschule

Die Hauptschule vermittelt den Kindern und Jugendlichen Fähigkeiten und Fertigkeiten, die für die Eingliederung in das gesellschaftliche Leben notwendig sind. Die Jugendlichen werden auf das Arbeitsleben vorbereitet und es wird von ihnen erwartet, dass sie nach dem Abschluss der Hauptschule dazu in der Lage sind.[123] Die Dauer des Hauptschulbesuchs variiert von Bundesland zu Bundesland und liegt zwischen 9 und 10 Jahre; in einigen Bundesländern ist der Besuch der 10. Klasse freiwillig. Die Mehrzahl der Absolventen der Hauptschule steigt in eine berufliche Ausbildung ein.[124] Allerdings ist es schwierig, mit dem Hauptschulabschluss einen Ausbildungsplatz zu finden, da die Anzahl der Realschulabsolventen und Abiturienten unter Ausbildungsplatzsuchenden hoch ist.[125]

Die Hauptschulen sind mit einem andauernden Rückgang der Schüler konfrontiert. Die Anzahl der Schüler an den Hauptschulen sinkt aufgrund steigender Nachfrage nach langjähriger weiterführender Bildung.[126] Die Hauptschule wird in Deutschland als ein „auslaufendes Modell“ angesehen, nachdem das Saarland, am Beispiel der neuen Bundesländer, ein Gesetz zur Abschaffung der Hauptschulen erlassen hat.[127] (Nach der Wiedervereinigung haben die ostdeutschen Länder, bis auf Mecklenburg-Vorpommern,

---

[121] vgl. Bönsch 2004: a.a.o. S. 48 ff
[122] vgl. Führ 1996: a.a.o. S. 116 ff
[123] vgl. Führ 1988: a.a.o. S. 89 ff
[124] vgl. Führ 1996: a.a.o. S. 118 ff
[125] vgl. Fuchs u. Reuter 2000: a.a.o. S. 91 ff
[126] vgl. Bönsch 2004: a.a.o. S. 51
[127] vgl. Bönsch 2004: a.a.o. S. 51

ein zweigliedriges Bildungssystem ohne Hauptschule eingeführt.[128]) Es wird in mehreren alten Bundesländern versucht durch verschiedene Modelle die Hauptschule abzuschaffen bzw. diese mit der Realschule zu verknüpfen. Allerdings besteht immer noch die Möglichkeit zum Erwerb des Hauptschulabschlusses.[129]

Ein weiterer Grund des Rückgangs der (deutschen) Schüler ist die Überrepräsentation der Zuwandererkinder an den Hauptschulen. Die Integration ausländischer Seiteneinsteiger erfolgt schwerpunktmäßig in der Hauptschule.[130] Auch von der Grundschule wird die Mehrzahl der Zuwandererkinder an die Hauptschulen (Gesamtschulen) überwiesen.[131] Der starke Rückgang der Schüler führt dazu, dass an der Hauptschule die leistungsschwachen Schüler überwiegen.[132]

Ein relativ hoher Anteil der Hauptschüler erfüllt die Anforderungen der Schule nicht und erreicht keinen Hauptschulabschluss. Ohne Hauptschulabschluss ist es derzeit fast unmöglich einen Ausbildungsplatz zu finden. Für die Jugendlichen, die über keinen Hauptschulabschluss verfügen, besteht in einigen Bundesländern die Möglichkeit, den Abschluss an einer Abendhauptschule nachzuholen. Auch mit der erfolgreichen Absolvierung der Berufschule wird der Hauptschulabschluss nachträglich anerkannt.[133]

d) Realschule

Ihren Namen bekamen die Realschulen nach dem Hamburger Abkommen von 1964. Davor hießen sie meist „Mittelschulen", aufgrund ihrer „Brückenfunktion". Aus mehreren Untersuchungen geht hervor, dass im Vergleich zu den anderen Schularten, die Vertreter aller sozialen Schichten an den Realschulen mehr oder weniger gleichmäßig verteilt sind. Das Bildungsprogramm der Realschule wird auch in der Gesellschaft unterstützt. Die Realschule hat 10 Jahrgangstufen. Sie vermittelt wie die Hauptschule die allgemeine Bildung, aber in einem breiteren Umfang. Die Schüler werden ihren Neigungen und Leistungen entsprechend gefördert. Die Unterrichtsgestaltung an den Realschulen macht es möglich, nach dem Abschluss einerseits die Ausbildung an weiterführenden beruflichen Schulen zu bekommen (z.B. Berufsfachschulen, Fachoberschulen, beruflichen Gymnasien etc.), andererseits die allgemeine Bildung an der gymnasialen Oberstufe fortzusetzen.[134]

---

[128] vgl. Führ 1996: a.a.o. S. 110 ff
[129] vgl. Führ 1996: a.a.o. S. 110 ff
[130] vgl. ebda S. 118 ff
[131] vgl. Dietz 1999: a.a.o. S. 35 ff
[132] vgl. Fuchs u. Reuter R. 2000: a.a.o. S. 64 ff
[133] vgl. Führ 1996: a.a.o. S. 118 ff
[134] vgl. ebda S. 125 ff

e) Gymnasium

Das Gymnasium stellt keine „erweiterte Form der Realschule" dar, vielmehr präsentiert sie sich als eine eigenständige Schulart mit einzigartigem Unterrichtsaufbau.[135] Das Gymnasium vermittelt wissenschaftliche Grundkenntnisse in verschiedenen Fächern, die die Schüler künftig an den Hochschulen vertiefen können.[136]

An der Sekundarstufe I schließt das Gymnasium die Sekundarstufe II an. Nach erfolgreichem Abschluss des Sekundarbereiches II erreichen die Schüler die allgemeine Hochschulreife. Die Hochschulreife und damit die Fähigkeit zum Hochschulstudium ist das endgültige Anstreben der gymnasialen Bildung.[137] Die Reifeprüfung (Abitur) findet nach dem 13. bzw. 12. Jahrgang statt. Gymnasien präsentieren sich in Langform (9 bzw. 7 Jahre) sowie in der Aufbauform (6 bzw. 3 - 4) Jahre, die erfolgreiche Absolventen der Haupt- und Realschulen in Anspruch nehmen können.[138] Allerdings können die Schüler bereits nach dem 10. Jahrgang das Gymnasium verlassen, dabei erhalten sie den mittleren Schulabschluss. Sie können mit einer Berufsausbildung anfangen, in der sie Realschulabsolventen gleichgestellt werden.[139]

f) Gesamtschule

Mit dem Namen „Gesamtschule" ist die Schule als Einheit gemeint, die dem Ziel nachgeht, die horizontale Gliederung des Bildungswesens abzubauen.[140] Der Gründung der Gesamtschule liegen die Überlegungen zugrunde, dass die Kinder unabhängig von ihrer Schichtzugehörigkeit, auch nach der Grundschule gemeinsam unterrichtet werden können. Der gemeinsame Unterricht sollte gleichzeitig die Durchsetzung der Chancengleichheit und die Eingliederung in die Gesellschaft gewähren. Allerdings die Möglichkeit das Abitur zu erwerben bietet nicht jede Gesamtschule an.[141]

Es gibt zwei Hauptformen der Gesamtschule, die sich grundsätzlich voneinander unterscheiden: kooperative (schulformbezogene) und integrierte (schulformunabhängige). Die kooperative Form schließt alle drei Schularten innerhalb einer Schule ein. Dabei werden die Schüler nach wie vor, je nach Schulart, in separaten Klassenräumen unterrichtet; die gemeinsamen Grundlagen bei der Gestaltung des Lehrplans erhöhen die Wahrscheinlich-

---

[135] vgl. ebda
[136] vgl. Führ 1988: a.a.o. S. 98 ff
[137] vgl. Führ 1996: a.a.o. S. 130 ff
[138] vgl. Bönsch 2004: a.a.o. S. 52 ff
[139] vgl. Führ 1996: a.a.o. S. 130 ff
[140] vgl. Steindorf 1976: a.a.o. S. 151 f
[141] vgl. Führ 1996: a.a.o. S. 142 f

keit der Durchlässigkeit zwischen den Schularten. Die Integrierte Gesamtschule, die eine ernorme Durchlässigkeit ermöglicht, wird als Alternative zum gegliederten Schulsystem angesehen. In verschiedenen Bundesländern werden an Integrierten Gesamtschulen verschiedene Unterrichtsmethoden praktiziert.[142]

3.1.2.2.3. Sekundarbereich II

Nach erfolgreichem Abschluss des Sekundarbereichs I setzen die meisten Schüler in Deutschland ihre schulische Bildung im Sekundarbereich II fort, der zum Erwerb der Hochschulreife dient. Zum Sekundarbereich II gehört traditionell die gymnasiale Oberstufe. Der Besuch der gymnasialen Oberstufe dauert in der Regel drei Jahre. Im Rahmen der individuellen Anpassung des Lerntempos, könnte der Erwerb der Hochschulreife zwischen zwei und vier Jahren dauern. Neben den Gymnasien ist der Sekundarbereich II an einigen Gesamtschulen vorhanden. Auch Sondertypen von Gymnasien gehören zum Sekundarbereich II. Das sind alle Gymnasien neben traditionellen altsprachlichen, neusprachlichen und mathematisch-naturwissenschaftlichen Gymnasien. Da die Hochschulreife auch an zahlreichen beruflichen Schulen sowie Kollegschulen erworben wird, zählen diese ebenfalls zum Sekundarbereich II.[143]

3.1.2.2.4. Sonderschulen für Lernbehinderte

An Sonderschulen für Lernbehinderte werden die Schüler mit einer festgestellten Lernbehinderung überwiesen, die nicht auf geistige oder körperliche Behinderung zurückzuführen ist. Ziel dabei ist es, durch Fördermaßnahmen der Sonderschulen Rückkehr der Kinder an die allgemeinbildenden Schulen anzustreben. Trotz aller Bemühungen liegt aber die Anzahl der Rückkehrer unter 5%. Die Integration in die Gesellschaft kann durch den Besuch einer Sonderschule sogar erschwert werden.[144] Unter der deutschen Bevölkerung hat diese Schule einen niedrigen Stellenwert.[145]

---

[142] vgl. Führ 1996: a.a.o. S. 136

[143] vgl. Führ 1988: a.a.o. S. 145 ff

[144] vgl. Bönsch 2004: a.a.o. S. 56 ff

[145] vgl. Bundesministerium für Familie, Senioren, Frauen und Jugend 2000: a.a.o. S.181

3.1.2.2.5. Berufsbildende Schulen

Die Berufsausbildung in Deutschland erfolgt außerhalb des dualen Bildungssystems oder im Rahmen des dualen Bildungssystems.[146] Das duale System der beruflichen Bildung ist der Bereich des deutschen Schulwesens, der am meisten internationales Interesse erregt. Parallel zur Ausbildung im Betrieb erfolgt im Rahmen des dualen Systems der Unterricht an Berufsschulen. Die Ausbildungsdauer liegt bei 3 - 3 ½ Jahren. Zwischen dem Ausbildungsbetrieb und dem Jugendlichen wird ein Ausbildungsvertrag auf privatrechtlicher Basis geschlossen. Der Vertrag regelt das Ausbildungsverhältnis. Die Jugendlichen, die keinen Ausbildungsplatz gefunden haben, können eine qualifizierte berufliche Ausbildung außerhalb des Betriebes erhalten.[147]

Der Mangel an Ausbildungsplätzen ist derzeit besonders groß. Auf dem Ausbildungsmarkt werden zunehmend Abiturienten bevorzugt.[148] Zudem werden weibliche Jugendliche benachteiligt.[149] Sehr große Schwierigkeiten bei der Suche nach einem Ausbildungsplatz haben ausländische Jugendliche, insbesondere dic Hauptschulabsolventen, die die deutsche Sprache nicht gut beherrschen.[150]

3.1.2.2.6. Hochschulen und Hochschulzugang

In Deutschland gehören zum Hochschulbereich die Universitäten, Gesamthochschulen, Pädagogische Hochschulen, Theologische Hochschulen, Kunsthochschulen sowie Fach- und Verwaltungsinterne Hochschulen. Es gibt sowohl staatliche als auch private Hochschulen.[151]

Zur Aufnahme eines Hochschulstudiums ist die Hochschulreife erforderlich. Die Hochschulreife wird immer noch meistens an Gymnasien erworben.[152] Die Schüler ohne mittleren Abschluss können den Hochschulzugang über den zweiten Bildungsweg erwerben. Berufsaufbauschulen, Abendrealschulen, Abendgymnasien und Kollegien bieten Möglichkeiten für den nachträglichen Erwerb der Hochschulreife an.[153]

---

[146] vgl. Führ 1996: a.a.o. S. S. 87 ff
[147] vgl. ebda S. 159 ff
[148] vgl. Fuchs u. Reuter R. 2000: a.a.o. S. 75 ff
[149] vgl. Faulstisch – Wieland u. Nyssen 1998: a.a.o. S. 170 ff
[150] vgl. Fuchs u. Reuter 2000: a.a.o. S. 75 ff
[151] vgl. Führ 1996: a.a.o. S. 215 ff
[152] vgl. Klein 1999: a.a.o. S. 20 ff
[153] vgl. Führ 1996: a.a.o. S. 87 ff

3.2. Produktion von Chancenungleichheit im Bildungssystem durch Selektion

3.2.1. Funktion des Bildungssystems

Das dreigliedrige Schulsystem (Volks-, Mittelschulen und Gymnasien), besteht in Deutschland seit dem 19. Jahrhundert. Die Dreigliedrigkeit symbolisiert die Interessen der Drei-Klassen-Gesellschaft.[154] Ursprünglich diente die Gliederung des deutschen Schulwesens der Betonung der sozialen Zugehörigkeit der Eltern.[155] Der Besuch von Gymnasien und Hochschulen wurde fast ausschließlich Angehörigen der höheren Schichten bzw. Einkommensgruppen vorbehalten.[156] Unprivilegierte soziale Schichten bekamen eine Allgemeinbildung an den Volksschulen.[157]

Zwar hat sich die Abhängigkeit des Bildungsniveaus von der sozialen Herkunft im Laufe der Zeit relativiert, so ist jedoch die Berechtigung zur Teilnahme an allen Bildungsangeboten für Jedermann noch nicht gesichert. Die frühe Differenzierung, die nicht unbedingt aus den Leistungen der Kinder hervorgeht, bringt gesellschaftliche Interessen zum Ausdruck, die durch das dreigliedrige Bildungssystem verwirklicht werden. Somit übt die schulische Bildung einen unmittelbaren Einfluss auf das gesellschaftliche Geschehen aus.[158]

Die primäre Aufgabe des Bildungswesens, den Umfang der Bildung für jeweilige Zielgruppen zu bestimmen, wird durch den Selektionsauftrag gelöst.[159] Für das Anstreben des differenzierten Bildungsmaßstabs bestehen allerdings unterschiedliche Erklärungen. Nach der Reproduktionsthese z.B. profitieren die privilegierten Schichten davon, dass die benachteiligten Schichten nur bis zu einem bestimmten Bildungsniveau angeregt werden. Dies sollte der Anpassung der Unterschichten innerhalb der Gesellschaft dienen. Um die Bildung der Unterschichten über das notwendige Niveau hinaus zu verhindern, werden andere Anlockmethoden eingesetzt, z.B. die berufliche Bildung. Von den höheren Bildungsgängen werden die Unterschichten z.B. durch Zulassungsvoraussetzungen isoliert.

Nach der „These der kulturellen Reproduktion“ dient der Ausbau des Bildungssystems dazu, untere soziale Schichten zu bestimmten Bildungsange-

---

[154] vgl. Döbert 2002: a.a o. S. 92 ff
[155] vgl. Steindorf 1976: a.a.o. S. 89 f
[156] vgl. Führ 1988: a.a.o. S. 6 ff
[157] vgl. Herrlitz u.a. 1998: a.a.o. S. 112 ff
[158] vgl. Baker u. Lenhardt 1988: a.a.o. S. 47 ff
[159] vgl. Fuchs u. Reuter R. 2000: S. 43 ff

boten zu demotivieren. Als Instrumente werden die Abschlusszeugnisse dazu benutzt. Ohne Zeugnisse bleibt der Zugang zu einigen beruflichen Positionen für untere Schichten versperrt und somit für privilegierte Bevölkerungsgruppen vorreserviert und bewährt. Nach der These wird die Ungleichheit der Chancen auf dem Arbeitsmarkt durch Verlangen und Anstreben von Zeugnissen reproduziert. Die Vertreter unprivilegierter sozialer Schichten haben den Zugang zur Bildung, solange es mit den Interessen der privilegierten Schichten übereinstimmt. Als Mittel zum Zweck wird hier die berufliche Bildung eingesetzt, in die der Zugang für untere Schichten erleichtert wird, und in die höheren Schulen dagegen erschwert.[160]

3.2.2. Widerspruch von Chancengleichheit und Selektion

3.2.2.1. Zur Herstellung der Chancengleichheit

Die Tatsache, dass Bildungsabschlüsse in Deutschland vielfach im Zusammenhang mit der Zugehörigkeit zu einer bestimmten sozialen Gruppe, Geschlechtszugehörigkeit, der schulischen Erreichbarkeit des Herkunftsortes etc. stehen, hat bereits in den 50er Jahren viele Diskussionen erregt. Der steigende Bedarf an qualifizierten Arbeitskräften hat in den 60er Jahren die Notwendigkeit, die Abhängigkeit der Schulabschlüsse von den Faktoren zu relativieren, deutlich gemacht.[161] Dabei wurde die Bildungsreform in den 60er und 70er Jahren eingeleitet, die das Erreichen der „Chancengleichheit" und „Demokratisierung" in der Bildung angestrebt hat.[162]

Zwar genießen die Unterschichtkinder infolge der Bildungsreform zunehmend höhere Bildungsabschlüsse,[163] hat sich jedoch eine proportionale Chancenverteilung auf dem Hintergrund der Bildungsangebote als unrealisierbar erwiesen.[164] Während sich die Chancen erhöht haben, ein höheres Bildungsniveau zu erreichen, haben die Bildungsabschlüsse an Wert verloren. Um eine vergleichbare Position zu erreichen, ist im Laufe der Zeit ein höherer Abschluss notwendig. Die Ungleichheit der Chancen in der Bildung bewährte sich durch den Aufstieg des allgemeinen Bildungsniveaus. Allerdings wird überwiegend verfolgt, wie die unteren sozialen Schichten die Möglichkeit nutzen, bessere Abschlüsse zu erlangen; weniger beachtet

[160] vgl. Blossfeld u. Shavit 1993: a.a.o. S. 32 ff
[161] vgl. Neumann 1997: a.a.o. S. 254 ff
[162] vgl. Fuchs u. Reuter 2000: a.a.o. S. 13
[163] vgl. Blossfeld u. Shavit 1993: a.a.o. S. 25 ff
[164] vgl. Fuchs u. Reuter 2000: a.a.o. S. 26 ff

bleibt die Tatsache, dass die sozialstarken Schichten, parallel dazu, noch höhere Abschlüsse erreichen.[165]

Das belegt eine Untersuchung von Hansen und Pfeiffer. Die Autoren verglichen die Ergebnisse fünf verschiedener Studien, in welchen die Unterschiede in der Bildungsbeteiligung „zwischen den Generationen“, „zwischen den Geschlechtern“, „zwischen den sozialen Gruppen“ repräsentiert wurden. Bei allen Vergleichsgruppen wurde beobachtet, dass im Laufe der Zeit das allgemeine Bildungsniveau gestiegen ist. Diese Steigerung führen die Autoren auf die Bildungsexpansion zurück. Die Bildungsdifferenzen zwischen sozialen Schichten haben sich im Laufe der Zeit nicht gemindert, sonder vermutlich sogar vergrößert. Lediglich kam es zur besseren Bildungssituation bei Frauen, wobei hier die Karrierechancen mit größeren Hindernissen als bei Männern begleitet sind.[166]

3.2.2.2. Herstellung der Chancengleichheit durch die Integrierte Gesamtschule

Im Vergleich zu den traditionellen Schulformen des dreigliedrigen Schulwesens werden an den Integrierten Gesamtschulen die Chancen mehr oder weniger gleichmäßig unter den Schülern verteilt. 2004 war der Anteil der Schüler an den Integrierten Gesamtschulen im 9. Schuljahr mit dem, der Hauptschule entsprechenden Leistungsniveau relativ klein, dafür war der Anteil der leistungsstarken Schüler größer, als im Bundesdurchschnitt. Die Zusammensetzung leistungsstarker und leistungsschwacher Schüler an den Integrierten Gesamtschulen erfolgt zugunsten der Schwachen und ohne negative Auswirkungen auf die Starken. Allerdings sind die Besucher der Gesamtschule überwiegend Kinder aus der sozialen Unterschicht, unter denen Kinder aus Zuwandererfamilien überrepräsentiert sind. Von (deutschen) Ober- und Mittelschichteltern werden immer noch das Gymnasium und die Realschule bevorzugt; damit wird die Chancenungleichheit beharrlich fortgesetzt.[167]

3.2.2.3. Chancengleichheit im internationalen Vergleich

Laut einer PISA-Studie stehen Bildungschancen in Deutschland, wie kaum in einem anderen Land, in unmittelbarem Zusammenhang mit der sozialen Herkunft.[168] Dieses Ergebnis kommt nicht überraschend vor, da kaum ein

[165] vgl. Neumann 1997: a.a.o. S. 254 ff
[166] vgl. Hansen u. Pfeiffer 1998: a.a.o. S. 82 ff
[167] vgl. Bönsch 2004: a.a.o. S. 4 ff
[168] vgl. Schmoll 2002: a.a.o. S. 18 ff

Land durch frühere Selektion die Unterschichtkinder von einer Bandbreite der Bildungsangebote ausschließt. Eine identische Gliederung des Bildungssystems gibt es lediglich in einigen Kantonen in der Schweiz. Auch in Lichtenstein ist das Bildungssystem nach demselben Prinzip wie das deutsche aufgebaut, die Selektion erfolgt aber ab dem 5. Schuljahr. Im österreichischen Bildungssystem besteht die Zweigliedrigkeit ab dem 4. Schuljahr, dadurch ist die Durchlässigkeit keine Ausnahme. In den anderen Ländern Europas wird die Selektion nicht in den Mittelpunkt der Bildung gestellt. Wenn eine Differenzierung erfolgt – dann in der Regel zu einem späteren Zeitpunkt.[169]

3.2.3. Faktische Differenzierung durch soziale Unterschiede

3.2.3.1. Soziale Selektion

Obwohl das gegenwärtige Bildungssystem das notwendige Wissen, Fähigkeiten und Fertigkeiten im gleichen Maße an alle Beteiligten zu verteilen beabsichtigt, erfolgt die Trennung der Schularten bereits nach dem vierten Schuljahr.[170] Je nach Schulart und Leistungsstufe werden in Deutschland immer noch verschiedene Lernkompetenzen unter der Annahme erworben, dass die Kinder unterschiedliche Begabungen besitzen, die auf unterschiedliche Art und Weise zu entwickeln und zu fördern sind.[171] Aufgrund der Gestaltung der Schularten und durch Vermittlung von unterschiedlichen Wert- und Normvorstellungen werden die Kinder und Jugendlichen unterschiedlicher sozialer Herkunft, in ihrer Zugehörigkeit, zu ihrer sozialen Schicht erzogen. Somit dient das dreigliedrige Bildungssystem als Mittel zur Aufrechterhaltung der sozialen Ungleichheit.[172]

Das dreigliedrige Bildungswesen stellt den Bereich des deutschen Schulwesens dar, in dem die Mehrheit der Konflikte besteht. Diese gehen darauf zurück, dass die Eltern sich die Bildungslaufbahn ihrer Kinder anders vorstellen, als die schulische Empfehlung lautet; oftmals beschäftigt sie nicht das Wissensniveau und die Unterrichtsqualität, sondern die Verwertbarkeit der Abschlüsse der jeweiligen Schulform.[173] Außer Bildungswünschen der Eltern spielt für die Grundschulempfehlungen auch die „soziale Erreichbarkeit" der jeweiligen Schulform eine Rolle; dabei wird die Schichtzugehörigkeit der Familie im Zusammenhang mit der künftigen Schulform be-

[169] ausführlicher zum Thema in: Döbert u.a. 2002: a.a.o
[170] vgl. Fuchs u. Reuter 2000: a.a.o. S. 36 ff
[171] vgl. Ergen 2005: a.a.o. S. 132 ff
[172] vgl. Ücüncü 1984: a.a.o. S. 31 ff
[173] vgl. Fuchs u. Reuter 2000: a.a.o. S. 43 ff

trachtet. Den Unterschichtkindern wird aus der Sicht der „positiven Diskriminierung" eine niedrigere Schulart empfohlen, als bei demselben Leistungsniveau den Kindern aus oberen Schichten.[174] In diesem Zusammenhang hat Stallmann festgestellt, dass die benachteiligten Kinder sich zweifach anzustrengen haben, um die gleichen Chancen, wie die nichtbenachteiligten Kinder zu erhalten.[175]

3.2.3.2. Durchlässigkeit

Der Selektionsauftrag beeinträchtigt die Bildungsfunktion der Grundschule. Für die Selektion gibt es keine eindeutigen Vorgaben. Oft gelingt es der Schule nicht, die Schüler einwandfrei zu differenzieren.[176] Unter diesem Aspekt wäre die Möglichkeit, die Schulform zu einem späteren Zeitpunkt zu wechseln, sinnvoll. Allerdings entstehen dabei zahlreiche Hindernisse. Außerdem wird angenommen, dass der Schulformwechsel für Schüler eine große Herausforderung ist, insbesondere wenn es um Nichteignung des Schülers für die jeweilige Schulart geht.[177]

Die Schulform wird meistens von oben nach unten gewechselt, trotz ständigen Bemühens, die Durchlässigkeit zwischen allen Schularten zu ermöglichen.[178] Bei einem Pendeln durch alle Schulformen aber würde die selektive Funktion der Grundschule geschwächt. Zudem steht die Dreigliedrigkeit mit der Durchlässigkeit im Widerspruch, da sie diese traditionell nicht beinhaltet. Daher geraten die Aufstiegsmöglichkeiten oftmals in eine Sackgasse.[179]

Nach der vergleichenden Untersuchung der Bildungssysteme von Baden-Württemberg und Nordrhein-Westfalen nach ihrer Durchlässigkeit, halten Mauthe und Rösner die Grundschulempfehlungen insgesamt für zuverlässig und vertrauenswürdig. Es ist ihrer Meinung nach schon dadurch belegt, dass nach dem vierten Schuljahr der Schulformwechsel nur in Einzelfällen stattfindet. Zu diesem Ergebnis kamen die Autoren trotz der Tatsache, dass viele leistungsfähige Schüler, an einer höheren Schulform, ohne spezielle Vorbereitung, teilnehmen könnten.[180]

---

[174] vgl. Neumann 1997: a.a.o. S. 266 ff
[175] vgl. Stallmann 1990: a.a.o. S. 253
[176] vgl. Ergen 2005: a.a.o. S. 132 ff
[177] vgl. Mauthe u. Rösner 1998: a.a.o. S. 90
[178] vgl. ebda S. 98 ff
[179] vgl. ebda S. 123 ff
[180] vgl. ebda S. 102

4. Situation ausländischer Kinder und Jugendlicher im deutschen Bildungssystem

4.1. Benachteiligung im schulischen und vorschulischen Alltag

4.1.1. Benachteiligung beim Kindergartenbesuch

Bereits in Kindergärten werden ausländische und deutsche Kinder unterschiedlich behandelt. Insbesondere leiden die Flüchtlingskinder darunter. Die Inanspruchnahme eines Kindergartenplatzes durch ein Flüchtlingskind, trotz des bestehenden Rechtsanspruchs auf Kindergartenbesuch, ist nicht immer eine Selbstverständlichkeit. Es liegt im Ermessen des Trägers, das Kind aufzunehmen. Soll freier Platz im Kindergarten tatsächlich mit dem Flüchtlingskind besetzt werden, wird den Eltern klar gemacht, dass sie allein für das „gegenseitige Vertragen" zu sorgen haben. Der Flüchtlingsstatus des Kindes wird zumeist nicht vor den anderen Eltern verheimlicht. Dieser Makel wirkt negativ auf die Situation des ohnehin diskriminierten ausländischen Kindes.[181]

4.1.2. Benachteiligung in der Schulpflicht

Während eines längeren Zeitraums waren die ausländischen Kinder und Jugendlichen an den deutschen Schulen nicht willkommen; die restriktive Bildungspolitik sah die geltende Schulpflicht für sie nicht vor.[182]

Die Benachteiligung entstand nicht als Reaktion auf die zunehmende Zahl von Gastarbeiterkindern, sondern es wurden vielmehr die ausländischen Kinder nicht in die zuerst erfasste allgemeine Schulpflicht miteinbezogen. Der Entscheidung lagen die Überlegungen zugrunde, dass es nicht im Interesse des Staates liegt, sich für die Bildung von Bürgern, die dem Staat nicht angehören, zu engagieren. Daher wurden keine Maßnahmen zur schulischen Integration dieser Kinder vorgesehen.[183]

In der allgemeinen Schulpflicht sind die ausländischen Kinder erst seit dem Jahr 1964 den Einheimischen gleichgestellt.[184] Davor gingen die Kinder

[181] vgl. Holzapfel 1999: a.a.o. S. 81 f
[182] vgl. Baker u. Lenhardt 1988: a.a.o. S. 43 ff
[183] vgl. Krüger-Potratz 2000: a.a.o. S. 376 f
[184] vgl. Ücüncü 1984: a.a.o. S. 7 ff

zunächst nur auf Initiative der Eltern zur Schule. Dabei hätte die Schule zu entscheiden, die Kinder aufzunehmen und zu tolerieren. Z.B wurde ausländischen Kindern in Bayern nur dann der Schulbesuch erlaubt, wenn sie die deutsche Sprache beherrschten.[185]

Bis heute sind nicht alle Kinder in Deutschland schulpflichtig. Die Flüchtlingskinder bzw. Asylbewerberkinder, (mit Ausnahme der Kinder anerkannter Asylbewerber) unterliegen nur in wenigen Bundesländern der Schulpflicht, nämlich in Bayern, Berlin, Brandenburg, Bremen, Hessen, Niedersachsen und Schleswig-Holstein. In Rheinland-Pfalz, Thüringen und Saarland sind sie abhängig vom Rechtstatus schulpflichtig. In Sachsen und Nordrhein-Westfalen besteht für die Flüchtlingskinder nur ein Anspruch auf Schulbesuch. Auf Wunsch der Erziehungsberechtigten können die Kinder eine Schule in Baden-Württemberg, Hamburg und Sachsen-Anhalt besuchen. In Mecklenburg-Vorpommern ist der Schulbesuch für Flüchtlingskinder rechtlich nicht vorgesehen.[186] Krüger-Potratz meint hierzu, dass der deutsche Staat Schulbesuch von ausländischen Kindern immer noch nicht in Mittelpunkt seines Interesses stellt.[187]

Selbstverständlich können auch die Kinder, für die keine Schulpflicht besteht, die Schule besuchen. Dann dürfen aber die Schulen entscheiden, ob die Flüchtlingskinder im Schulalter aufgenommen werden. Es liegen keine Daten über die Anzahl der Kinder, die kurzfristig oder dauerhaft in Deutschland bleiben und während dieser Zeit keine Schule besuchen, vor.[188]

4.1.3. Benachteiligung durch Einstellung der Pädagogen

Die Integration der Zuwandererkinder in der Schule, ist oft durch ihre primäre Sozialisation in der Herkunftsfamilie negativ beeinflusst. Die familiären Sozialisationserfahrungen der Kinder entsprechen nicht den Anforderungen der Schule, sie werden den Lehrern zur Last gelegt. Die Lehrer stehen oft vor dem Problem, wie sie mit den Anpassungsschwierigkeiten ausländischer Kindern umgehen sollen.[189] Interkulturelles Wissen der Lehrer genügt nicht für den regelmäßigen Umgang mit der multikulturellen Vielfalt. Die Lehrerbildung erfolgt in den Schwerpunktsthemen Zweisprachig-

[185] vgl. Baker u. Lenhardt 1988: a.a.o. S. 43 ff
[186] vgl. Rieker 1999: a.a.o. S. 420 ff
[187] vgl. Krüger-Potratz 2000: a.a.o. S. 377 ff
[188] vgl. Apitzsch 1997: a.a.o. S.33 ff
[189] vgl. Ergen 2005: a.a.o. S. 132 ff

keit, Deutsch als Fremdsprache, Kulturkonflikte etc. an den Universitäten unzureichend.[190]

Die Ausbildung des Lehrpersonals in Deutschland richtet sich traditionell auf die monolinguale und monokulturelle Schule, ohne Rücksicht auf die zunehmende Multikulturalität.[191] Dabei werden die Zuwandererkinder und Jugendlichen bloß als Ausländer wahrgenommen, ihre Heterogenität bleibt unbeachtet. Die Tatsache, dass sie eine andere Muttersprache haben, wird einfach von vielen Lehrern ignoriert. Die ethnischen Besonderheiten der Kinder werden nicht bemerkt.[192] Manche Lehrer betonen sogar den sozialen Status von ausländischen Unterschichtkindern.[193] Bei einem Interview von Zuwandereltern gaben mehrere Beteiligte an, nicht zufrieden zu sein, hinsichtlich des schulischen Umgangs mit ihren Kindern.[194] Außerdem bekamen die Eltern den Eindruck, dass die Integration den Kindern aufgezwungen wird.[195]

Die Einstellung zu einem Zuwandererkind setzt sich aus den bestehenden Vorurteilen gegenüber seiner ethnischen Gruppe zusammen. Je nach Herkunft werden die Kinder als z.B. „schwierig“ oder „fleißig“ eingestuft. Daraus folgt, dass seitens der Lehrer gegenüber den Schülern besondere Erwartungen bzw. Herausforderungen entstehen; z.B. erwarten einige Lehrer, vor allem von den schwarzen Schülern, die Dankbarkeit für die Möglichkeit in einem sicheren Land die Schule zu besuchen. Trotz der Tabuisierung kommen rassistische Einstellungen und diskriminierende Äußerungen außerdem bei den (deutschen) Eltern vor.[196]

4.1.4. Ethnische Zusammensetzung und gesellschaftlicher Abstand

Die deutsche Bevölkerung schreckt sich vor den Schulen mit hohem Ausländeranteil. Es wird befürchtet, dass Kinder in Klassen mit vielen Zuwandererkindern nicht ausreichend gefördert werden und den begehrten Bildungsabschluss nicht erreichen. Als Mittel gegen Eindrängen von ausländischen, vor allem moslemischen, Mitschülern, wird die Errichtung von staatlichen konfessionellen Schulen, ohne jede religiöse Überzeugung der

[190] vgl. Bender-Szymanski 2003: a.a.o. S. 215 ff
[191] vgl. Dietrich 2001: a.a.o. S. 65 ff
[192] vgl. ebda S. 62 f
[193] vgl. Schulze u. Soja 2003: a.a.o. S. 202 ff
[194] vgl. Dietrich 2001: a.a.o. S. 60
[195] vgl. ebda S. 65 ff
[196] vgl. Apitzsch 1997: a.a.o. S. 41 ff

Eltern, praktiziert.[197] Die wenigen deutschen Kinder, die mit vielen Zuwandererkindern in eine Grundschule gehen, werden in den weiterführenden Schulen mit niedrigem Ausländeranteil angemeldet.[198]

Die Tatsache, dass Schüler aus einer Grundschule mit einer höheren Ausländerkonzentration häufiger in die Hauptschulen und weniger in Gymnasien überwechseln, ist durch Stallmanns Untersuchungen belegt.[199] Allerdings ist der Zusammenhang zunächst darauf zurückzuführen, dass die höheren Schularten weniger ausländische Kinder aufnehmen wollen, um die Attraktivität für deutsche Familien zu bewahren. Da der Anteil deutscher Kinder in den Klassen mit vielen ausländischen Kindern niedrig ist, können daher nur wenige auf ein Gymnasium überwechseln.[200]

Entgegen allen Vorurteilen entdeckt Walter in Grundschulklassen mit hohem Anteil von ausländischen Kindern kein Desinteresse und Leistungsschwäche. Der Autor stellt fest, dass Kinder gleich welcher Nationalität dieselben Aufmerksamkeitswerte erweisen.[201] Die durchschnittliche Aufmerksamkeit und somit die potentielle Lernbereitschaft erweisen sich in den Klassen mit vielen ausländischen Kindern sogar als höher. Die Klassen mit wenigen ausländischen Schülern bezeichnet Walter als „kontraproduktiv“. Allerdings hat er die Untersuchung ohne Berücksichtigung der Notenzeugnisse von Schülern durchgeführt. Deswegen kann nicht daraus geschlossen werden, dass die Schüler der Klassen mit einer höheren oder niedrigeren Aufmerksamkeit bessere Leistungen erbringen.[202]

4.1.5. Mehrsprachigkeit in der Perspektive der schulischen Bildung

4.1.5.1. Zweisprachigkeit

Viele Vorurteile gegen ausländische Kinder entstehen auf dem Hintergrund ihrer Muttersprache. Die Mehrsprachigkeit wird an deutschen Schulen nicht unbedingt positiv angesehen. Unbeachtet der Vielzahl der Zuwandererkinder bewahrt das deutsche Bildungswesen seine historisch geprägte monolinguale Gestaltung. Die Schule vertritt die Meinung, dass ein Grundschulkind sich nicht mehr als mit einer Sprache auseinandersetzen soll; da-

---

[197] vgl. Fuchs u. Reuter R. 2000: a.a.o. S. 43 ff
[198] vgl. Neumann 1997: a.a.o. S. 293 ff
[199] vgl. Stallmann 1990: a.a.o. S. 248 ff
[200] vgl. Baker u. Lenhardt 1988: a.a.o. S. 55 ff
[201] vgl. Walter 2001: a.a.o. S. 115 f
[202] vgl. ebda S. 118 ff

bei sind nicht nur deutsche Kinder gemeint, sondern auch Kinder aus Familien mit Migrationshintergrund. Dieselbe Einstellung hatte das deutsche Bildungswesen bereits in früheren Zeiten, wenn ausländische Kinder oder autochthone Minoritäten zu integrieren waren.[203]

Dagegen wird das Erlernen von Muttersprache in mehreren Europäischen Ländern mit hohem Zuwandereranteil als wichtig geschätzt.[204] In diesem Zusammenhang weist Bender-Szymanski darauf hin, dass eine ausreichende Integration ausländischer Kinder in die deutsche Gesellschaft ohne zufriedenstellende Förderung ihrer Muttersprache nicht gewährt werden kann. Sie fordert die Berücksichtigung der Zweisprachigkeit der ausländischen Schüler im schulischen Unterricht.[205]

4.1.5.2. Förderung der Muttersprache

Ergen schätzt die Förderung der Muttersprache für die kognitive Entwicklung des Menschen als bedeutend ein. Der Erwerb von anderen Sprachen wird durch Entwicklung der Muttersprache nicht beeinträchtigt. Im Gegensatz dazu wird das Erlernen wissenschaftlicher Begriffe in der deutschen Sprache durch ein tiefgeprägtes Verständnis der Fachsprache auf muttersprachlicher Ebene erleichtert. Wenn kein Wert auf die Muttersprache gelegt wird, hat dies nach Ergen negative Konsequenzen für die Bildung des Wortschatzes. Des Weiteren entstehen dadurch Wahrnehmungsdefizite in der Herkunftskultur, woraus sich ein Missverstehen der Fremdkultur ergibt.[206]

Die Familie spielt eine bedeutende Rolle bei der sprachlichen Entwicklung. In vielen Zuwandererfamilien werden zwei oder mehrere Sprachen im Alltag gebraucht; die Kinder werden mehrsprachig erzogen. Mit der deutschen Sprache ist die Mehrheit der Kinder bereits nach dem Erlernen der Muttersprache konfrontiert.[207] Trotz Erziehung in der Mehrsprachigkeit wird das Erlernen der deutschen Sprache als Allerwichtigstes angesehen. Der Familiensprache, Staatssprache des Herkunftslandes und Schulfremdsprachen wird neben der deutschen Sprache eine zwar große, aber nachrangige Bedeutung beigemessen.[208] Die Sprachkenntnisse erreichen in der Regel nicht in allen Sprachen dasselbe Niveau.[209]

---

[203] vgl. Gogolin 2000: a.a.o. S. 17 ff
[204] vgl. Bender-Szymanski 2003: a.a.o. S. 215 ff
[205] vgl. ebda S. 213
[206] vgl. Ergen 2005: a.a.o. S. 135 f
[207] vgl. ebda S. 136 ff
[208] vgl. Gogolin 1997: a.a.o. S. 21 ff
[209] vgl. Ergen 2005: a.a.o. S. 127 f

Zwischen Schule und Elternhaus besteht ein Konsens über schulische Zuständigkeit für das Erlernen der deutschen Sprache und familiäre Zuständigkeit für die Herkunftssprache. Die Trennung ermöglicht den Zuwandererkindern das Erlernen von beiden Sprachen. In vielen Familien überwiegt sogar die Motivation und Bereitschaft Deutsch zu lernen, auf Kosten der Familiensprache.[210] Daher sind die Kenntnisse in der Muttersprache oft auf die Umgangssprache beschränkt. Zur Entwicklung der Muttersprache entsteht die Notwendigkeit, die institutionelle Unterstützung in Anspruch zu nehmen.[211]

Allerdings ist in der gesamten Bundesrepublik die Organisation des muttersprachlichen Unterrichts für Zuwandererkinder nicht einheitlich geregelt. Nur in einigen Bundesländern (z.B. Hessen, Nordrhein-Westfalen und Bayern) ist der muttersprachliche Unterricht für Zuwandererkinder in die Schulaufsicht der allgemeinbildenden Schulen übernommen.[212] Laut Untersuchung von Bender-Szymanski sehen die meisten Schulleiter die Förderung der Herkunftssprache als positiv an; lediglich 13% halten diese für eine zusätzliche Überforderung der Schüler.[213] Unter den Schülern ist das Interesse an der Herkunftssprache durch eine höhere Besucherquote (51-92%) am muttersprachlichen Unterricht belegt.[214]

4.2. Diskriminierung ausländischer Kinder und Jugendlicher an deutschen Schulen

4.2.1. Institutionalisierte Diskriminierung im Schulsystem

4.2.1.1. Ursachen

In einer Untersuchung stellen Bommes und Radke die Gültigkeit der verbreiteten Vorstellung, dass der Bildungserfolg von Zuwandererkindern durch kulturelle Unterschiede beeinflusst wird, in Frage. Sie setzen diskriminierende Handlungen der Schule in den Mittelpunkt der Untersuchung. Aus der Perspektive des „theoretischen Modells zur Beschreibung ´institutionellen Rassismus` bzw. ´institutionalisierter Diskriminierung`“

[210] vgl. Neumann u. Popp 1997: a.a.o. S. 64 ff
[211] vgl. Gogolin 1997: a.a.o. S. 320 ff
[212] vgl. Holzapfel 1999: a.a.o. S. 168 f
[213] vgl. Bender-Szymanski 2003: a.a.o. S. 225 ff
[214] vgl. ebda S. 215 ff

erklären die Autoren, warum die Unterschiede zwischen Schülern verschiedener ethnischer Herkunft hergestellt werden.[215]

Nach der Theorie sind alle gesellschaftlichen Interaktionen bereits vorprogrammiert und kommen innerhalb eines Raums zustande. Die alltägliche Ausländerdiskriminierung ist zum Bestandteil der Schulen geworden. Nach Meinung der Autoren sind ausländerdiskriminierende Praktiken in Europa bereits während der Kolonialzeit entstanden und sich zu diskriminierenden Techniken im Laufe der Geschichte ausgeprägt haben.[216]

Die Diskriminierungen treten, je nach Situation, im unterschiedlichen Ausmaß positiv (z.B. Förderunterricht etc.), oder negativ (z.B. Sonderschulüberweisungen etc.), in Erscheinung; sie spiegeln sich in den, von der Schule entwickelten Handlungsstrategien wieder.[217]

4.2.1.2. Funktionsprinzipien

In einer weiteren Untersuchung studieren Gomolla und Radtke die offiziellen Schulstatistiken der Stadt Bielefeld nach Veränderungen in den Bildungslaufbahnen der Zuwandererkinder. Sie beobachten eine zunehmende Zahl von Zuwandererkindern an Realschulen und Gymnasien, sowie im gymnasialen Zweig der Gesamtschulen. Bei der genauen Betrachtung ihres prozentuellen Anteils ergibt sich, dass der Abstand zu den einheimischen Kindern jedoch konstant geblieben ist. Des Weiteren wurden bei ausländischen Schülern fast zweimal mehr Rückstellungen in Schulkindergärten und Überweisungen an Sonderschulen für Lernbehinderte beobachtet, dagegen hat sich der Anteil deutscher Kinder fast um die Hälfte reduziert. Diese Entwicklungen betrachten die Autoren aus der Sicht der institutionalisierten Diskriminierung.[218]

Während der Untersuchung erkannten die Autoren anhand der Vorgehensweisen der Schulen, dass die Schullaufbahn der Zuwandererkinder mit zahlreichen Einzelentscheidungen begleitet ist. Die Entscheidungen haben offensichtlich negative Auswirkungen auf die Schulkarriere der Zuwandererkinder, ohne ihre pädagogische Rechtmäßigkeit in Zweifel zu nehmen.[219] Zudem agieren die unterschiedlichen Diskriminierungen im Laufe der Grundschulkarriere von Zuwandererkindern miteinander: Die fördernden Maßnahmen führen in der Regel zur Ausgrenzung des Kindes; ihre

[215] vgl. Bommes u. Radke 1993: a.a.o. S. 483 f
[216] vgl. ebda S. 487 ff
[217] vgl. ebda S. 491 ff
[218] vgl. Gomolla u. Radtke 2000: a.a.o. S. 327 f
[219] vgl. ebda S. 328 f

Folgen kumulieren in den negativen Verlauf der gesamten schulischen Laufbahn, z.B. Zurückstellung, freiwillige Klassenwiederholung etc.[220] Dabei nehmen die diskriminierenden Praktiken entweder Form der „Ungleichbehandlung", z.B. Bezug auf Zweisprachigkeit und kulturelle Unterschiede bei der Überweisung in die weiterführende Schule oder der „Gleichbehandlung", z.B. derselbe Ausgangspunkt bei der Leistungsbenotung, wie bei deutschsprachigen Kindern, an.[221]

4.2.2. Diskriminierung bei der Einschulung

4.2.2.1. Zur Situation in verschiedenen Regionen

Die größte Gruppe der Zuwandererjugendlichen stellen die Jugendlichen aus Aussiedlerfamilien dar. Die zweitgrößte Gruppe ist die der Zuwandererkinder aus der Türkei. Den größten Anteil 15jähriger Zuwandererjugendlicher, nach PISA, hat Bremen mit 40,7 %, danach folgt Hessen mit 32,7%, Nordrhein-Westfalen mit 32,2% und Baden-Württemberg mit 28,8%.[222] Allerdings verteilen sich die Kinder und Jugendlichen aus Zuwandererfamilien ungleichmäßig in verschiedenen Regionen Deutschlands. Sie konzentrieren sich überwiegend in bestimmten Großstädten. Nach Daten aus dem Jahr 2000 ist der größte Anteil von ausländischen Schülern in Frankfurt mit 40% erreicht. In Hamburg beträgt ihr Anteil 19,1%, in Bremen 16,9% und in Hessen 15,4%.[223]

Die Aufnahme der Zuwandererkinder in die Schulen ist in der Bundesrepublik nicht einheitlich geregelt. Z.B. werden die wenigen ausländischen Kinder und Jugendlichen in den neuen Bundesländern, in denen es keine Hauptschule gibt, gut in die Regelschulen integriert und im Vergleich zu den deutschen Kindern nicht schlechter gestellt.[224] In weiteren Regionen mit geringem Ausländeranteil werden die ausländischen Kinder und Jugendlichen in deutsche Regelklassen eingeschult, allerdings nicht immer in eine alters- und leistungsentsprechende Klasse. Größere Probleme treten bei einer Vielzahl von ausländischen Kindern im Schulgebiet auf.[225] In folgenden Abschnitten werden die diskriminierenden Praktiken betrachtet, die üblicherweise in Regionen mit dem höherem Ausländeranteil vorkommen;

[220] vgl. ebda S. 333 f
[221] vgl. ebda S. 328 f
[222] vgl. Schmoll 2002: a.a.o. S. 16 ff
[223] vgl. Bundesministerium für Familie, Senioren, Frauen und Jugend 2000: a.a.o. S.180
[224] vgl. Schmoll 2002: a.a.o. S. 16 ff
[225] vgl. Akpinar 1979: a.a.o. S. 108 f

die Regionen mit niedriger Ausländerkonzentration bleiben dabei unbeachtet.

4.2.2.2. Diskriminierung bei Seiteneinstieg

Ausländische Seiteneinsteiger unterliegen zahlreichen Diskriminierungen. Die Situation der Seiteneinsteiger bei der Einschulung kann präziser an Beispielen von Aussiedlerkindern und -jugendlichen geschildert werden, da sehr viele Kinder und Jugendliche dieser Gruppe ihre Schulausbildung im Herkunftsland unterbrechen und nach Deutschland einreisen. Für sie bestehen allerdings mehr schulische und außerschulische Förderangebote, als für andere Zuwandererkinder. Die Angebote sind je nach Bundesland sehr unterschiedlich: z.B. außerschulische Sprachförderung, Unterricht in Tagesinternaten mit verschiedenen Fördermaßnahmen etc. Auch zahlreiche Wohlfahrtsverbände und freie Träger unterstützen die Aussiedlerkinder und -jugendlichen. Aufgrund von Mittelkürzungen fallen die Angebote zunehmend weg.[226]

Bei der Aufnahme von Aussiedlerkindern in die Schule sollte davon ausgegangen werden, dass es sich um deutsche Kinder handelt. Allerdings wird oft nach demselben Prinzip, wie bei anderen Zuwandererkindern, gehandelt.[227] Z.B. wird in Bayern zwischen Aussiedler- und Zuwandererkindern nicht unterschieden, dagegen werden die Kinder in Nordrhein-Westfahlen separat von den anderen ausländischen Kindern unterrichtet, aber auch separat von den deutschen Kindern. Trotzt der Annahme, dass sie ethnisch Deutsch sind, haben die Aussiedlerkinder und -jugendlichen, im Vergleich zu den Einheimischen, eine schlechtere Stellung im Bildungssystem. Bei ihnen werden Sprach- und Ausbildungsmängel vermutet; ihnen werden wenige Chancen gegeben, die höheren weiterführenden Schulen zu besuchen.[228]

Außer Sprachproblemen werden die Schwierigkeiten der Kinder, sich in den Unterricht einzugliedern, hervorgehoben (da der Unterricht in Deutschland sich von jenem im Herkunftsland unterscheidet). Die Schularten außerhalb der Hauptschule werden auch für die leistungsstarken Seiteneinsteiger als Überforderung interpretiert. Des Weiteren werden die Aussiedlerkinder trotz durchschnittlich besserer Kenntnisse in mathematischen und naturwissenschaftlichen Fächern, meistens ein oder zwei Schuljahre zurückgesetzt.

---

[226] vgl. Dietz 1999: a.a.o. S. 35 ff

[227] vgl. Krüger-Potratz 2004: a.a.o. S. 204 ff

[228] vgl. Bundesministerium für Familie, Senioren, Frauen und Jugend 2000: a.a.o.S.183f

Aus den Daten für das Schuljahr 1995/96 für Nordrhein-Westfalen geht hervor, dass 47,8 % aller Aussiedlerschüler eine Grundschule besuchen und 29% eine Hauptschule. Der Anteil der Grundschulkinder an allen Schülern liegt bei 37,1% und lediglich 13% davon gehen in die Hautschule. Dabei besuchen nur 6,7% aller Aussiedlerkinder das Gymnasium, der Anteil der Besucher von Gymnasien an allen Schülern liegt bei 23%. Die übermäßige Konzentration von Aussiedlerkindern an den Grund- und Hauptschulen wird damit begründet, dass die Sprachförderung fast ausschließlich von diesen beiden Schularten angeboten wird. [229]

4.2.2.3. Versetzung in die „Ausländerklassen"

Die diskriminierenden Mechanismen werden in der Grundschule in Kraft gesetzt, indem bei der Einschulung an die, vor einigen Jahrzehnten erfassten, Empfehlungen der KMK orientiert wird. Diese sehen separaten Unterricht von ausländischen Kindern in Vorbereitungs- oder Auffangklassen vor. Einerseits wird erwartet, dass die Schüler in den Vorbereitungs-, (Förder-) oder Auffangklassen zur Teilname am Unterricht in den Regeklassen vorbereitet werden, andererseits wird die Minderheit dadurch von der Mehrheit ausgegrenzt. Die diskriminierenden Mechanismen werden dabei an die bildungspolitische Lösung der separaten Vorbereitungsklassen gekoppelt.[230]

Die Einrichtung von „besonderen Klassen für Ausländer" sollte, um die Regelklassen von dem Teil der ausländischen Mitschüler zu entlasten, bei einem Anteil an Kindern mit Sprachschwierigkeiten von über 20% stattfinden. In einigen Bezirken aber wurden die besonderen Klassen ohne Bedarf eingerichtet, um die Zahl der Zuwandererkinder von 20% zu erreichen, wurden auch die Schüler ohne Sprachschwierigkeiten in diese Klassen überwiesen. Außerdem sollte das Verbleiben eines Schülers in der besonderen Klasse zwei Jahre nicht überschreiten. Aus den praktischen Erfahrungen geht aber hervor, dass in den Stadtbezirken mit hohem Ausländeranteil, die ausländischen Kinder aus besonderen Klassen wenig Chancen haben, schnell in eine Regelklasse zu wechseln, da der Unterricht in besonderen Klassen nicht immer zur Integration der Schüler beiträgt.[231]

[229] vgl. Dietz 1999: a.a.o. S. 35 ff
[230] vgl. Gomolla u. Radtke 2000: a.a.o. S. 329 ff
[231] vgl. Akpinar 1979: a.a.o. S. 108 ff

4.2.2.4. Zurückstellen anstatt zu integrieren

Diskriminierenden Praktiken nehmen eine radikale Form dann ein, wenn die Grundschule mangels einer Förderklasse die Zuwandererkinder in den Schulkindergarten zurückstellt. Hiermit wird deutlich, wie aus der bildungspolitischen Legitimation eines, ursprünglich fördernden Vorhabens, ein stark diskriminierendes Handlungsmuster entstand.[232] Obwohl der Schulkindergarten nicht zum Erlernen der deutschen Sprache dient, werden die ausländischen Kinder lediglich aufgrund mangelnder Sprachkenntnisse oft zurückgestellt, ohne dies ausdrücklich zu begründen. Vielmehr wird dabei vermutet, dass die Sprachschwierigkeiten eine Leistungsunfähigkeit im Hinblick auf die schulischen Anforderungen produzieren. Die Schulschwierigkeiten werden demnach „im Voraus" festgestellt.

Potentiell werden die Kinder aus fernen Kulturkreisen zurückgestellt, die nicht oder nicht ausreichend, nach der Meinung der Grundschule, den Kindergarten besucht haben. Dabei wird die Schulunfähigkeit der Kinder als kulturelle Besonderheit der Familie betrachtet. Es erfolgt eine generelle Annahme, dass die Familien nicht in der Lage sind, die schulischen Anforderungen zu erfüllen und die Kinder regelmäßig zu unterstützen. Sogar kann der Besuch der Koranschule als Anlass zur Zurückstellung dienen. Kommt ein Kind in Verdacht, mit den Anforderungen der Grundschule überfordert zu werden, wird es oft einem gründlicherem Einschulungstest unterzogen, als die übrigen Kinder.[233]

4.2.3. Überweisung an die Sonderschule für Lernbehinderte

Die ausländischen Kinder, die einmal in den Schulkindergarten zurückgestellt wurden, sind einem ernormen Risiko ausgesetzt, im Verlaufe ihrer Schulkarriere an die Sonderschule für Lernbehinderte überwiesen zu werden.[234] Gomolla und Radtke haben beobachtet, dass die Feststellung der Sonderschulbedürftigkeit bereits in Auffang-, Vorbereitungs- und Förderklassen der Grundschule eingeleitet wird, ohne dass die Aufnahme in eine Regelklasse erfolgt.[235] Dabei wird die Überweisung an die Sonderschule für Lernbehinderte vielfach mit den Schwierigkeiten argumentiert, die nicht im Rahmen einer Regelschule zu beseitigen sind.[236] Die Schwierigkeiten oder das Schulversagen werden ausschließlich den Kindern zugeschrieben,

---

[232] vgl. Gomolla u. Radtke 2000: a.a.o. S. 331 ff
[233] vgl. Gomolla 2003: a.a.o. S. 101 f
[234] vgl. ebda S. 102 ff
[235] vgl. Gomolla u. Radtke 2000: a.a.o. S. 329 ff
[236] vgl. Kornmann, Reimer 2003: a.a.o. S. 88 ff

sie werden niemals als Schwierigkeiten oder Versagen einer Schule betrachtet.[237] Der Widerspruch der Eltern, vor allem türkischen, gegen die Überweisung, wird zudem von den Schulen als „Kulturkonflikt" interpretiert.[238]

Die Voraussetzung für die Überweisung an die Sonderschule für Lernbehinderte, sowohl für ausländische als auch für deutsche Kinder, ist das Vorhandensein von bestimmten Lerndefiziten. Diese Defizite werden häufig ohne Rücksicht auf kulturelle Besonderheiten, andere Muttersprachen etc., einfach nach ähnlichen Kriterien, wie bei den deutschen Kindern, festgestellt.[239] Die Kinder werden im Zweifelsfall gegen die geltende Regelung nicht in ihrer Muttersprache getestet. Dabei können Verständlichkeitsschwierigkeiten, die aus dem Mangel an Sprachkenntnissen selbstverständlich vorkommen, zur Überweisung an die Sonderschule führen.[240] Die Zugehörigkeit zu einer anderen Kultur tritt als die Ursache von den Problemen in den Sonderschulüberweisungen auf. Lediglich damit werden die Lernschwierigkeiten vor allem in „Deutsch" erklärt.[241] Das Motiv für diese diskriminierenden Handlungen ist vor allem die Überforderung der Lehrkräfte durch ausländische Kinder; infolge fehlender interkultureller Ausbildung wird kein anderer Ausweg in Betracht gezogen.[242]

Kornmann definiert zwei gegensätzliche Einstellungsweisen, die aufgrund mangelnder interkultureller Kompetenz bei den Lehrern vorkommen und die Überweisung an die Sonderschule veranlassen: Die eine wird als „sensible Aufmerksamkeit" zu den „Besonderheiten" dieser Kinder bezeichnet, die andere als „indifferente Toleranz" gegenüber ihrer Andersartigkeit. In Mittelpunkt der „sensiblen Aufmerksamkeit" wird das Individuum mit seinen individuellen Fähigkeiten gestellt. Bei den Lernschwierigkeiten zentriert sich die Aufmerksamkeit der Lehrer ohne diskriminierende Absicht auf die individuellen Merkmale des Schülers. Das Problem wird nur im Zusammenhang mit den persönlichen Eigenschaften und der Lebenslage gesehen, was dazu verleitet, das Problem als unlösbar zu betrachten. Bei der „indifferenten Toleranz" werden im Gegenteil die persönlichen Eigenschaften missachtet. Die Problemlage wird im Hinblick auf den vergleichbaren Durchschnitt betrachtet. Die persönlichen Umstände, die möglicherweise dazu geführt haben, werden dabei gar nicht berücksichtigt.[243]

---

[237] vgl. Apitzsch 1997: a.a.o. S. 39 f
[238] vgl. Gomolla u. Radtke 2000: a.a.o. S. 329 ff
[239] vgl. Apitzsch 1997: a.a.o. S. 39 f
[240] vgl. Gomolla u. Radtke 2000: a.a.o. S. 329 ff
[241] vgl. ebda S. 331 ff
[242] vgl. Apitzsch 1997: a.a.o. S. 39 f
[243] vgl. Kornmann, Reimer 2003: a.a.o. S. 88 ff

4.2.4. Förderung oder Absonderung?

Große Schwierigkeiten während der schulischen Bildung entstehen dadurch, dass die ausländischen Kinder an der Schule mit einer anderen Sprache konfrontiert sind, als in den Familien. Die Elemente ihrer Muttersprache werden in den Unterricht nicht einbezogen; es wurde auch noch kein Konzept herausgearbeitet, wie der Unterricht funktionieren soll, wenn dieser mit dem in der Muttersprache vereinbart wird.[244] Ohne Möglichkeit die Muttersprache in den Unterricht einzubeziehen entsteht ein dringender Bedarf, die ausländischen Kinder sowohl in der deutschen Sprache als auch in anderen leistungsbezogenen Fächern zu fördern, damit sie dem Unterricht in der Regelklasse folgen können. Dabei ist die Organisation der Fördermaßnahmen nicht einheitlich reguliert. Die bestehenden Hilfen werden weder aufeinander aufgebaut noch ergänzend zueinander angeboten.[245] Nur 32% der Schulleiter gaben an, dass sie die Fördermaßnahmen gegen Zurückstellung von ausländischen Kindern für sinnvoll halten.[246] Die Lehrkräfte in den Klassen mit höheren Aufmerksamkeitswerten schätzen die Maßnahmen immerhin als geringfügig ein.[247]

Allerdings wird durch schulische Fördermaßnahmen nur sehr wenig Erfolg erzielt. Nach Ratzki ist damit nicht bezweckt, die Kinder in das Bildungssystem zu integrieren.[248] Mit der Einordnung der Fördermaßnahmen wird nach Gomolla und Radtke die Absicht verfolgt, den Ausländeranteil an der Schulform zu verringern oder im Gegenteil den Schüleranteil an einer anderen Schulart durch ausländische Kinder zu sichern, Bildungschancen einer bestimmten Bevölkerungsgruppe zu erhöhen, das Problem auf andere Schularten zu übertragen etc. Dabei entsteht eine Reihe von Entscheidungen, die „zu Gunsten“ des Schülers begründet werden; eine bedeutende Rolle spielt jedoch in der Tat das Interesse der jeweiligen Schule bzw. der jeweiligen Schulform.[249] Solche Entscheidungspraktiken, meint Kornmann, werden zur Legitimation der gegliederten Struktur des Schulwesens ausgelöst. Dabei werden die notwendigen Kriterien für eine negative Entscheidung bei den Zuwandererkindern als „ausländerspezifisch“ vorausgesetzt.[250]

---

[244] vgl. Ergen 2005: a.a.o. S. 132 ff
[245] vgl. Ratzki, Anne 2003: a.a.o. S. 29 ff
[246] vgl. Bender-Szymanski 2003: a.a.o. S. 215 ff
[247] vgl. Walter 2001: a.a.o. S. 125 ff
[248] vgl. Ratzki, Anne 2003: a.a.o. S. 23 f
[249] vgl. Gomolla u. Radtke 2000: a.a.o. S. 334 ff
[250] vgl. Kornmann 2003: a.a.o. S. 86 ff

4.2.5. Diskriminierung bei Übergang in weiterführende Schulen

In ihrer Untersuchung unterscheiden Gomolla und Radtke zwischen „direkter“ und „indirekter“ Diskriminierung. Eine „indirekte“ Diskriminierung tritt dann in Erscheinung, wenn z.B. die ausländischen Kinder bei ungleichen Lernvoraussetzungen mit denselben Kriterien beurteilt werden, ohne Berücksichtigung ihrer Zweisprachigkeit. Einer „direkten“ Diskriminierung unterliegen die ausländischen Kinder, die z.B. bei vergleichbar guten Leistungen aus den Grundschulen an die Hauptschulen überwiesen werden. Bei ihnen werden Schwierigkeiten in der deutschen Sprache vermutet, auch wenn bislang keine erkennbar waren. Die Hauptschule wird für die Zuwandererkinder aus dem Grund als angemessen angesehen, weil sie die regelmäßige Sprachförderung gewährt. Dabei werden die Zuwanderereltern in den Schulgesprächen darüber belehrt, dass ihre Kinder, selbst bei sehr guten Noten, vielleicht die Realschule problemlos absolvieren würden. Zum Abraten von der Wahl einer höheren Schulform dient der Vorwand, dass der Übergang jedoch auch zu einem späteren Zeitpunkt stattfinden kann. [251]

Des Weiteren werden bei der Empfehlung der weiterführenden Schulart oftmals nicht die schulischen Leistungen in den Vordergrund gestellt, sondern die Lern- und Unterstützungsmöglichkeiten im Elternhaus.[252] Diese werden aus der sozialen Herkunft, unter Berücksichtigung des Bildungsniveaus der Eltern, Religionszugehörigkeit etc. abgeleitet. Dabei wird bei den ausländischen Arbeiterfamilien generell davon ausgegangen, dass sie ihren Kindern keine ausreichende häusliche Unterstützung bei der schulischen Bildung gewähren. Daher wird den ausländischen Kindern überwiegend die Hauptschule empfohlen; bei sehr guten Leistungen jedoch die Real- oder Gesamtschule. Aus demselben Grund erfolgt keine Empfehlung für die höhere Schulform nach der Orientierungsstufe.[253] Von diesen Entscheidungen profitieren vor allem die einheimischen Eltern, die Kontakte ihrer Kinder mit ausländischen Kindern minimieren wollen. Sie schicken ihre Kinder an Realschulen und Gymnasien, da dort wenige ausländische Kinder verbleiben.[254]

[251] vgl. Gomolla u. Radtke 2000: a.a.o. S. 331 ff
[252] vgl. Gomolla 2003: a.a.o. S. 104 f
[253] vgl. Gomolla u. Radtke 2000: a.a.o. S. 331 ff
[254] vgl. Baker u. Lenhardt 1988: a.a.o. 55 ff

4.3. Mitwirkung ausländischer Familien in der Bildungsbenachteiligung

4.3.1. Entscheidungen über die weiterführende Schulart

Die Aufnahme in die weiterführende Schulart wird je nach Bundesland unterschiedlich durchgeführt. Die Empfehlungen der Grundschule spielen dabei nicht unbedingt die entscheidende Rolle. Z.B. in Hamburg verfügen die Eltern über einen großen Entscheidungsspielraum. In Bremen steht ihnen die Wahl der weiterführenden Schulform frei.[255] Auch in Hessen wurde das Problem auf derartige Weise gelöst, dass nach dem hessischen Schulgesetz von 1992, die Wünsche der Eltern für die Wahl der weiterführenden Schule die entscheidende Rolle spielen.[256]

Allerdings wählen die meisten Eltern die Schulform im Einklang mit den Grundschulempfehlungen. Ihre Empfehlungen richten die Lehrer nach dem Elternhaus, da sie sich nach langjährigen Erfahrungen mit den Wünschen und Vorstellungen der Eltern auskennen. Sie empfehlen die Schulart, die ihrer Ansicht nach, der Familie als gerecht erscheinen würde.[257] Dabei geht aus einer Untersuchung hervor, dass die meisten ausländischen Eltern, unabhängig von der Schichtzugehörigkeit, mit dem Verlauf der Schulkarriere ihrer Kinder nicht zufrieden sind.[258]

Nach den Untersuchungen von Neumann stimmen die Meinungen der Zuwandereltern in Bezug auf weiterführende Schulformen für ihre Kinder nicht unbedingt mit denen der Grundschullehrer überein. Dabei wünschen die untersuchten Zuwandereltern, im Gegensatz dazu, möglicherweise eine niedrigere Schulform für ihr Kind.[259] Neuman vermutet die Ursache in der eigenen Biographie der Eltern: Alle der untersuchten Eltern haben die Hauptschule besucht, daher haben sie keine Erfahrungen mit den anderen Schularten. Des Weiteren geht aus der Untersuchung hervor, dass die Eltern, die sich lediglich für ein positives Abschlusszeugnis interessieren, die Haupt- oder Realschulen wählen; das Gymnasium oder die Gesamtschule wird nur von den Eltern gewählt, die das Abitur anstreben.

In einigen Familien wird die Entscheidung über die weiterführende Schulform zusammen mit Kindern getroffen. Eine große Bedeutung hat dabei die

---

255 vgl. Neumann 1997: a.a.o. S. 254 ff
256 vgl. Führ 1996: a.a.o. S. 108
257 vgl. Neumann 1997: a.a.o. S. 266 ff
258 vgl. Dietrich 2001: a.a.o. S. 60
259 vgl. Neumann 1997: a.a.o. S. 280 ff

Entfernung der Schule und die Länge des Schulwegs. Auch jene Tatsachen, wie das Vorhandensein von Geschwistern und Bekannten an der weiterführenden Schule, die Nähe der Schule im sozialen Sinne etc. spielen für die Wahl eine wichtige Rolle. Allerdings führt die Berücksichtigung der Nebenfaktoren dazu, dass die Familien meistens für die Hauptschule entscheiden.[260]

Für etwa die Hälfte aller Eltern von Grundschulkindern in Deutschland ist der erwünschte Schulabschluss das Abitur. Das Anstreben der Hochschulreife ist nicht unbedingt mit anschließendem Hochschulstudium verknüpft, vielmehr liegt die Verwertbarkeit des Abschlusses den Überlegungen zugrunde.[261] Viele ausländische Eltern aus unteren sozialen Schichten haben Bedenken, ob die Kinder den Schulabschluss ohne zu Scheitern erlangen, wenn das Abitur angestrebt wird. Aus diesem Grund wird von den Unterschichteltern bei vergleichbaren Noten eine niedrigere Schulart, als von den Oberschichteltern, bevorzugt; z.B. wenn die Oberschichteltern für das Gymnasium entscheiden, wählen die Unterschichteltern die Gesamtschule. Nur bei sehr guten Noten haben die Unterschichteltern keine Bedenken zum Realschul- oder Gymnasiumsbesuch.[262] Allerdings sinkt das Interesse am Besuch der Hauptschule zunehmend auch innerhalb der unteren sozialen Schichten. (Z.B. im Jahr 1991 wünschten nur 5% der Grundschuleltern den Hauptschulabschluss für ihre Kinder).[263]

4.3.2. Berufsvorstellungen

Bereits Anfang der 70er wurde aus den Untersuchungen in der Bundesrepublik und in der Schweiz bekannt, dass die ausländischen Eltern höhere Bildungsabschlüsse wünschen.[264] Dabei haben die Zugehörigen verschiedener Nationalitäten unterschiedliche Erwartungen an die Kinder. In griechischen und italienischen Familien z.B. werden keine positiven Abschlüsse erwartet, in türkischen Familien werden im Gegenteil bessere Abschlüsse erhofft. Während in den italienischen und griechischen Familien den Kindern bessere Abschlüsse nicht zugetraut werden, fühlen sich die Kinder und Jugendlichen in den türkischen Familien oft nicht in der Lage, die Erwartungen der Eltern zu erfüllen.[265] Die Berufsvorstellungen in den Zuwandererfamilien sind meistens geschlechtspezifisch. Z.B. wird von den

---

[260] vgl. ebda S. 293 ff
[261] vgl. Mauthe u. Rösner 1998: a.a.o. S. 90 ff
[262] vgl. Neumann 1997: a.a.o. S. 266 ff
[263] vgl. ebda S. 254 ff
[264] vgl. Neumann 1981: a.a.o. S. 152 ff
[265] vgl. Bundesministerium für Familie, Senioren, Frauen und Jugend 2000:a.a.o.S.106ff

Mädchen erwartet, dass sie die Familiengründung in der Berufsplanung berücksichtigen.[266] Außerdem wird ein beruflicher Abschluss angestrebt, der zu den Verhältnissen im Herkunftsland passt. Allerdings besteht eine große Diskrepanz zwischen den Berufsvorstellungen und -entscheidungen in den Familien.[267]

4.3.3. Einstellungen zur Bildung

Die Einstellung der Zuwandererfamilien zur Bildung wird im folgenden Abschnitt am Beispiel der türkischen Gastarbeiterfamilien präsentiert. Die Familien weisen in der Regel eine gute Einstellung gegenüber dem deutschen Schulwesen auf, die vielfach mit den Erwartungen auf einen Schulerfolg verknüpft ist. Einen enormen Wert auf schulische Bildung legen laut Neumanns Feststellungen die türkischen Familien mit sehr niedrigem und sehr hohem Einkommen.[268] Diese Haltung der türkischen Eltern ist nicht selbstverständlich. In vielen türkischen Familien entstand die Anerkennung der schulischen Bildung im Laufe der Migration.[269]

Viele der türkischen Gastarbeitereltern sind Vertreter der einfachen sozialen Schichten aus ländlichen Gebieten, in welchen die Schule als unbedeutend eingeschätzt wird. Infolge des Umzugs in die moderne Gesellschaft, erkennen sie die Möglichkeit des sozialen Aufstiegs mittels schulischer Bildung; dabei verändern sich kaum bereits bestehenden Lebensorientierungen. Vielmehr werden noch die in der Türkei geprägten Bildungsvorstellungen an die Lebenssituation im Zuwanderungsland angepasst.[270] Aufgrund unzureichender Integration und mangelndes Auskennens im deutschen Bildungswesen sind die Berufsvorstellungen der türkischen Zuwanderereltern oft übertrieben.[271]

Die türkischen Eltern stellen sich den schulischen Alltag in Deutschland anhand eigener Erfahrungen in der Türkei vor. Dort wird das Kind an die Schule übergeben, dabei hat der Lehrer sein Verhalten und Handeln zu kontrollieren; die Eltern mischen sich in der Regel nicht ein. Es wird Ordnung und Disziplin hergestellt. Einen ähnlichen Ablauf erwarten die türkischen Eltern zunächst von der deutschen Schule.[272] Das dreigliedrige

[266] vgl. ebda S. 170 ff
[267] vgl. Berger 2000: a.a.o. S. 170
[268] vgl. Neumann 1981: a.a.o. S. 158 ff
[269] vgl. Neumann 1981: a.a.o. S. 165 ff
[270] vgl. Leenen u.a. 1990: a.a.o. S. 755 ff
[271] vgl. Neumann 1997: a.a.o. S. 261 ff
[272] vgl. Leenen u.a. 1990: a.a.o. S. 755 ff

Schulsystem wird horizontal gegliedert (ähnlich wie in der Türkei) empfunden.[273]

In den meisten türkischen Gastarbeiterfamilien werden die Kinder bei dem Schulbesuch nicht unterstützt. Auch wenn die Eltern über ein ausreichendes Bildungsniveau verfügen, sind sie durch Alltagsprobleme in der Migration, körperlich schwere Arbeit, Sprachschwierigkeiten etc. daran gehindert, ihren Kindern beim Lernen Hilfe zu leisten. Immerhin wird der Besuch der Schule als Perspektive des sozialen Aufstiegs betrachtet und eigenen Arbeitserfahrungen in unqualifizierten Tätigkeiten gegenübergestellt.[274]

Die Wahl des Berufes gehört in den türkischen Familien zur Angelegenheit der ganzen Familie. Es werden für die Jugendlichen die Berufsentscheidungen bevorzugt, die vorteilhaft für die Familie sind.[275] Die Wahl des Bildungsganges erfolgt dabei herkunftslandorientiert: Einerseits sind den Eltern nicht alle Bildungsmöglichkeiten bekannt, andererseits steht nicht fest, ob die Kinder tatsächlich für immer in Deutschland bleiben.[276] Zudem wird von den Töchtern erwartet, dass sie zumindest das Bildungsniveau der Mutter anstreben, während die Söhne zumindest denselben Bildungsabschluss wie der Vater erreichen sollen.[277]

Nach den Daten von 1994 stammen mehr als 60% der Studierenden türkischer Herkunft aus Arbeiterfamilien, während unter deutschen Studierenden nur 16% aus Arbeiterfamilien sind; allerdings gehören die meisten Zuwanderer aus der Türkei zur Arbeiterschicht. Zwar wird die Aufnahme des Hochschulstudiums in den türkischen Familien zunehmend angestrebt, jedoch studieren immer noch wenige Jugendliche aus diesen Familien.[278]

Die griechischen Zuwandererjugendlichen, die in der Migration nach Deutschland Positives, im Sinne des Bildungserfolgs, erreicht haben, werden in der Literatur den türkischen Jugendlichen gegenüber gestellt: Die türkischen Jugendlichen haben vergleichbar weniger Erfolg in der Bildung erzielt; ihre Familien haben immerhin den sozialen Aufstieg im Sinne des Herkunftslandes erreicht, da der soziale Aufstieg in der Türkei nicht direkt mit dem Bildungsniveau verbunden ist.[279]

---

[273] vgl. Neumann 1981: a.a.o. S. 165 ff
[274] vgl. Leenen u.a. 1990: a.a.o. S. 755 ff
[275] vgl. Springer 1995: a.a.o. S. 6 ff
[276] vgl. Bundesministerium für Familie, Senioren, Frauen und Jugend 2000:a.a.o.S.106ff
[277] vgl. Neumann 1997: a.a.o. S. 261 ff
[278] vgl. Sen u. Goldberg 1994: a.a.o. S. 58 ff
[279] vgl. Neumann 1997: a.a.o. S. 261 ff

4.3.4. Schulische Bildung und innerfamiliäre Konflikte

Manche Zuwandererfamilien haben eine negative Einstellung zum Schulbesuch, da die Berührung mit einer anderen Kultur ihre kulturelle Identität zu ruinieren droht. Dabei geraten die Familien in den Konflikt mit der Bildungsstätte, auch wenn diese ihren Werten nur teilweise widerspricht.[280] In großen kulturellen Verschiedenheiten liegt oft die Ursache der Abneigung einiger Familien gegen die Schule. Die Kinder werden nicht seitens des Elternhauses auf die schulische Bildung motiviert und ihre Schulleistungen werden nicht verfolgt.[281]

Die Eltern, die einen ernormen Wert auf die Bildung legen und die Auseinandersetzungen mit der Schule vermeiden, geraten in Konflikt mit ihren Kindern, wenn die Kinder Erfolg in der Bildung erzielen. Dies geschieht deshalb, weil die Kinder sich andere Lebensvorstellungen, als im Elternhaus, an der Schule entwickeln und die Werte der Kultur des Elternhauses nicht mehr als selbstverständlich wahrnehmen; es fällt ihnen z.B. schwer, sich der Autorität des Vaters unterzuordnen etc.[282]

4.3.5. Benachteiligung bei der Wahl des Bildungsweges

Materielle, kulturelle und soziale Ressourcen der Familie prägen unmittelbar und mittelbar die Bildungsentscheidungen der Kinder. Aufgrund der Abhängigkeit des Bildungsweges von der ökonomischen Lage sind die ausländischen Familien mit geringem Einkommen auf vergleichbar höhere Leistungen angewiesen, als die einheimischen Regelfamilien, um ihren Kindern denselben Bildungsstand zu gewähren. Deshalb ist die Teilhabe an der Bildung von ausländischen Kindern aus sozialer Unterschicht in der Regel mit einem ernormen Interesse und Erwartungen verbunden.[283]

In vielen kinderreichen Zuwandererfamilien ist die Entscheidung für ein höheres Bildungsziel mit den Überlegungen begleitet, welches Kind bildungsbevorzugt werden soll. Alle Kinder während der Bildungs- und Ausbildungszeit finanziell zu unterstützen, gelingt meistens den Familien nicht. Deshalb verzichten viele der ausländischen Jugendlichen auf ihre Bildungsziele, um den anderen Geschwistern diese Möglichkeit einzuräumen.[284]

---

[280] vgl. Berger 2000: a.a.o. S. 170 ff

[281] vgl. Bundesministerium für Familie, Senioren, Frauen und Jugend 2000: a.a.o. S.23ff

[282] vgl. Leenen u.a. 1990: a.a.o. S. 762 ff

[283] vgl. Blossfeld u. Shavit 1993: a.a.o. S. 31ff

[284] vgl. Bundesministerium für Familie, Senioren, Frauen und Jugend 2000:a.a.o.S.170ff

Bei der Realisierung der Ziele haben ausländische Jugendliche viele Hindernisse zu bewältigen. Beim Anstreben eines höheren Abschlusses müssen sie indirekte Bildungswege, z.B. häufigen Schulformwechsel, Berufsbildende Schule oder Gesamtschule etc., in Kauf nehmen, da sie meistens nach der Grundschule nicht in das Gymnasium aufgenommen werden. Außerdem erfahren die ausländischen Jugendlichen im Laufe der schulischen Bildung die Unterbenotung, oder schlechte Einstellungen ihnen gegenüber. Zufriedenstellende Hilfe durch berufliche Beratung wird weniger erfolgreichen ausländischen Jugendlichen angeboten; den Jugendlichen, die ein Hochschulstudium anstreben, wird empfohlen, bei der Berufswahl sich am sozialen Status ihrer Familien zu orientieren. Daher müssen die ausländischen Kinder und Jugendlichen mehr investieren, als die Einheimischen, um den angestrebten Abschluss erreichen zu können.[285]

Aufgrund des schlechten Auskennens im deutschen Bildungssystem, insbesondere in der Dreigliedrigkeit, sind viele ausländische Familien nicht in der Lage, die gesetzten Bildungsziele mit einem konkreten Bildungsweg zusammenzufassen. Bei der Suche nach dem richtigen Bildungsweg sind die Zuwandererjugendlichen lediglich auf sich selber angewiesen.[286] Leenen u.a. verbinden den Bildungserfolg der Jugendlichen aus Zuwandererfamilien mit der Fähigkeit, selbständig den Weg innerhalb des Bildungssystems zu erkennen, der entgegen den Erwartungen und Hindernissen zum gesetzten Bildungsziel führt. Diese Fähigkeit bezeichnen sie als Fähigkeit zur „Selbstplatzierung".[287]

4.4. Benachteiligung im Hinblick auf erreichte Positionen im Bildungssystem

4.4.1. Situation in der schulischen Bildung

Aus den Daten von 2002/03 ergibt sich ein Anteil ausländischer Schüler an allen Schülern von 10%.[288] Ihre Bildungsbeteiligung fällt unterschiedlich an den Schulen sowohl in nahegelegenen Städten als auch innerhalb einer Stadt bzw. eines Stadtteils aus.[289] Ihre Bildungssituation setzt sich aus verschiedenen Quellen folgendermaßen zusammen: Sie bleiben öfter als deutsche Kinder in einer Klasse sitzen. Zwar ist die Zahl ausländischer Kinder

[285] vgl. Schulze u. Soja 2003: a.a.o. S. 202 ff
[286] vgl. Berger 2000: a.a.o. S. 170
[287] vgl. Leenen u.a. 1990: a.a.o. S. 762 ff
[288] vgl. Statistisches Bundesamt 2003: a.a.o.
[289] vgl. Gomolla u. Radtke 2000: a.a.o. S. 327 f

ohne Schulabschluss gesunken,[290] ist sie immer noch doppelt so hoch wie bei den Deutschen.[291] Dreifach weniger ausländische als deutsche Kinder wechseln von Grundschule auf das Gymnasium.[292] Dreimal so viele der ausländischen Jugendlichen, im Vergleich zu den Deutschen, schließen die Schule mit der mittleren Reife ab. Vier mal so viele der ausländischen Jugendlichen haben keinen anerkannten Berufsabschluss.[293] Außerdem sind sie in den alten Bundesländern an Sonderschulen für Lernbehinderte überrepräsentiert, wobei ihr prozentueller Anteil je nach Bundesland unterschiedlich ausfällt.[294] In Berlin ist dieser z.B. nach den, aus dem Jahr 2000 stammenden Daten 1,6%, in Bayern 3%, in Nordrhein-Westfalen 4,3% (Deutsche 1,8%), in Baden-Württemberg 5,8% (Deutsche 1,6%).[295] Insbesondere sind die ausländischen Jungen von der Überweisung an die Sonderschulen für Lernbehinderte stark betroffen.[296]

Im prozentuellen Anteil aller Schüler besuchten 4% der ausländischen Kinder im Schuljahr 2002/03 die Gymnasien. Ihr Anteil an den Hauptschulen lag bei 18% und an den Integrierten Gesamtschulen bei etwa 13%.[297] Im prozentuellen Anteil der ausländischen Schüler, besuchten 50% von ihnen die Hauptschulen und nur etwa 15% die Gymnasien.[298] Einen Schulabschluss erlangten in 2001 etwa 80% ausländischer Schulabgänger. 29% von ihnen erreichten einen Realschulabschluss und nur 15% die Hochschulreife.[299] Dabei war der Anteil der ausländischen Kindern an Gymnasien in den Ländern mit insgesamt niedrigerem Ausländeranteil relativ hoch (Niedersachsen; Schleswig-Holstein).[300]

Nach den durch PISA vorgelegten Daten ist der Anteil der ausländischen Schüler an Hauptschulen oder beruflichen Schulen deutschlandweit unterschiedlich. Z.B. sind es in Baden-Württemberg, Bayern, Rheinland-Pfalz und Schleswig-Holstein jeweils 60%. In Hessen, Niedersachsen und Nordrhein-Westfalen liegt der Anteil zwischen 30% und 50%, da dort die Zuwandererkinder mehr an den Real- und Integrierten Gesamtschulen vertreten sind. Die nicht gleichmäßige Bildungsbeteiligung ausländischer Kinder wird vor allem dadurch erklärt, dass in verschiedenen Bundesländern unterschiedliche Bildungsangebote gelten, die von den Zuwandererkindern

[290] vgl. Krüger-Potratz 2004: a.a.o. S. 214 ff
[291] vgl. Granato 2003: a.a.o. S. 125 ff
[292] vgl. Krüger-Potratz 2004: a.a.o. S. 214 ff
[293] vgl. Granato 2003: a.a.o. S. 129 ff
[294] vgl. Gomolla u. Radtke 2000: a.a.o. S. 321 ff
[295] vgl. Bundesministerium für Familie, Senioren, Frauen und Jugend 2000:a.a.o.S.181ff
[296] vgl. Apitzsch 1997: a.a.o. S. 39 f
[297] vgl. Statistisches Bundesamt 2003: a.a.o.
[298] vgl. Schmoll 2002: a.a.o. S. 16 ff
[299] vgl. Granato 2003: a.a.o. S. 114 ff
[300] vgl. Bundesministerium für Familie, Senioren, Frauen und Jugend 2000:a.a.o. S. 180

verschiedenartig in Anspruch genommen werden.[301] Eine weitere Tatsache ist, dass die Mädchen (aller Nationalitäten) in der schulischen Bildung erfolgreicher als die Jungen sind.[302]

4.4.2. Situation in der beruflichen Bildung

Bereits vor 20 Jahren wurde die Lage ausländischer Jugendlicher auf dem deutschen Ausbildungsmarkt als dramatisch eingeschätzt. Damals wurde noch nicht klargestellt, ob die Mehrheit der jungen Zuwanderer in Deutschland bleibt oder in die Heimatländer zurückkehren wird. Sie wurden zunächst nur, entsprechend der wirtschaftlichen Situation und dem Arbeitsmarktbedarf, beruflich ausgebildet. Es wuchs in Deutschland eine ganze Generation heran, die in ihrer weiteren Lebensgestaltung völlig von der Entwicklung der wirtschaftlichen Situation abhängig gemacht wurde. Anfang der 80er sah Ücümcü die Zukunft der Generation in der Kriminalität, Arbeitslosigkeit, oder in der Ausübung von niederwertigen Tätigkeiten.[303]

Obwohl im Laufe der Zeit die meisten Zuwandererjugendlichen zur Teilnahme an der beruflichen Bildung berechtigt sind, tendieren ihre Ausbildungschancen nicht zur Besserung. Sie werden zumeist in den Berufen ausgebildet, in welche die Deutschen nicht mehr einsteigen möchten. Zunächst führt das Nichtauskennen im Berufsbildungssystem dazu, dass sie sich nur für wenige Berufe interessieren.[304] Die männlichen Zuwandererjugendlichen wählen zumeist die gewerblichen und technischen Berufe. Die Mädchen, die noch mehr als die Jungen bei der Ausbildungsplatzvergabe benachteiligt sind, konzentrieren sich aufgrund sprachlicher Schwierigkeiten mehr auf handwerkliche Berufe.[305]

Aufgrund der Ausbildungsplatzknappheit werden eher deutsche Bewerber in die übrigen Berufszweige aufgenommen. Bei der Ablehnung ausländischer Bewerber spielen die ethnischen Vorurteile (insbesondere gegenüber muslimischen Jugendlichen) nicht die letzte Rolle. Es wird angenommen, dass die Zuwandererjugendlichen weniger Erfolg in der beruflichen Bildung erzielen können und häufiger als die Deutschen die Ausbildung abbrechen.[306] Z.B. beendeten im Jahr 2000 35% von Zuwandererjugendlichen

---

[301] vgl. Hunger u. Thränhardt, Dietrich 2003: a.a.o. S. 53 ff
[302] vgl. Bundesministerium für Familie, Senioren, Frauen und Jugend 2000:a.a.o.S.176ff
[303] vgl. Ücüncü 1984: a.a.o. 31 ff
[304] vgl. Granato 2003: a.a.o. S. 114 ff
[305] vgl. Bundesministerium für Familie, Senioren, Frauen und Jugend 2000:a.a.o.S.181ff
[306] vgl. Granato 2003: a.a.o. S. 121ff

ihre berufliche Ausbildung ohne Abschluss. Im Vergleich war damals der prozentuelle Anteil unter den Deutschen zwei Mal niedriger.[307]

Der Anteil nichtdeutscher Jugendlicher im Ausbildungsverhältnis im Rahmen des dualen Systems betrug nach Daten von 2003 lediglich 7%.[308] Laut Statistik von 2001 nahmen 40% der ausländischen Jugendlichen gegenüber 66% der deutschen Jugendlichen an der Ausbildung im Rahmen des dualen Systems teil.[309] Nach den Daten von 2000 blieb ein Drittel allen ausländischen Jugendlichen ohne Berufsabschluss. Dabei suchte ein Drittel türkischer und jugoslawischer, sowie ein Viertel italienischer Jugendlicher vergeblich nach einer Lehrstelle. Die bestehenden Fördermaßnahmen, wie Berufsvorbereitungsjahr bzw. Berufsgrundbildungsjahr, führen oft zu keinen Berufsbildungsabschlüssen oder festen Ausbildungsverhältnissen.[310] Im Jahr 2002, trotz Bemühungen, hat jeder dritte Jugendliche mit einer ausländischen Staatsangehörigkeit wieder keine Ausbildungsstelle erhalten. Bei jungen Türkinnen liegt der Anteil bei 40%.[311] Auch sind die Aussiedlerjugendlichen bei der Teilnahme an der Ausbildung schlecht gestellt.[312]

Betriebliche Vorteile des beruflichen Einsatzes der mehrsprachigen und interkulturell kompetenten Jugendlichen werden von vielen Arbeitgebern nicht erkannt. Hinzu kommt, dass die ausländischen Jugendlichen im Einstieg in den Ausbildungsmarkt benachteiligt sind, da den Eltern aufgrund der niedrigeren betrieblichen Stellung die persönlichen Beziehungen fehlen. Z.B. nach Daten von 1999 stehen gegenüber 25% der deutschen Jugendlichen nur 13% der ausländischen Jugendlichen, die aufgrund persönlicher Beziehungen an einen Ausbildungsplatz gekommen sind.[313] Immerhin haben die Zuwandererjugendlichen viel geleistet, um sich die berufliche Zukunft zu sichern. In der beruflichen Hierarchie platzieren sie höher als ihre Eltern, aber immer noch niedriger als die Deutschen. Nach dem Abschluss der Ausbildung haben die ausländischen Jugendlichen weniger Chancen als die Einheimischen, in dem erlernten Beruf einen entsprechenden Arbeitsplatz zu bekommen.[314]

---

[307] vgl. Jeschek 2004: a.a.o
[308] vgl. Granato 2003: a.a.o. S. 114 ff
[309] vgl. Granato 2003: a.a.o. S. 114 ff
[310] vgl. Bundesministerium für Familie, Senioren, Frauen und Jugend 2000:a.a.o.S.181ff
[311] vgl. Granato 2003: a.a.o. S. 125 ff
[312] vgl. Bundesministerium für Familie, Senioren, Frauen und Jugend 2000: a.a.o.S.183f
[313] vgl. ebda 121ff
[314] vgl. ebda 128 f

4.4.3. Situation an den Hochschulen

4.4.3.1. Datenkritik

Im sechsten Familienbericht werden folgende aus 1997 stammende Daten zitiert: 60% der ausländischen Väter sind nicht beruflich ausgebildet, 13% sind im Heimatland angelernt. In Deutschland verfügt etwa die Hälfte ihrer Kinder über keine berufliche Ausbildung. 18% der Kinder stehen in einem Ausbildungsverhältnis, 24% haben eine abgeschlossene Lehre, 5% besuchen eine Fachschule. Ein abgeschlossenes Universitätsstudium haben nur 2%.

Im danach folgenden Abschnitt werden weitere Daten aufgezeigt die aus einer aus dem Jahr 1966 stammenden Quelle übernommen wurden. Demnach liegt der Anteil von Bildungsinländern an ausländischen Studierenden bei etwa 40%; davon stammen 77% aus Arbeiterfamilien und 7% aus Oberschichtfamilien. Dabei wird erwähnt, dass die Zahl der Studierenden mit Migrationshintergrund noch höher sein sollte, da die Aussiedler und die eingebürgerten Ausländer in der Statistik als Deutsche erscheinen. Da unter den deutschen Studierenden sich ein geringerer prozentueller Anteil der Jugendlichen aus Arbeiterfamilien befindet, meint der Verfasser bei der Gegenüberstellung der Daten eine „erhebliche Beteiligung der Migrantenkinder an dem Bildungsaufstieg“ (Bundesministerium für Familie, Senioren, Frauen und Jugend 2000: a.a.o. S. 183) zu entdecken.

In der Tat stimmen die Daten weder für die Bildungsmotivation der Migrantenkinder aus der Unterschicht noch für das Desinteresse an der Bildungsbeteiligung ausländischer Kinder aus der Ober- und Mittelschicht. Mit den Daten wird lediglich belegt, dass der prozentuelle Anteil der ausländischen Bevölkerung an der Ober- und Mittelschicht geringer, als der Anteil der Einheimischen ist. Außerdem geht aus dem Text hervor, wie klein der Anteil der ausländischen Bildungsinländer an deutschen Hochschulen in Wirklichkeit ist.

Bei der Gegenüberstellung der beiden Abschnitte ergibt sich, dass der Anteil der, aus ausländischen Arbeiterfamilien stammenden, Hochschulabsolventen, etwa 1,5% (77% von den 2% der Gesamtbeteiligung) beträgt. Somit ist die Beteiligung an der Hochschulbildung wesentlich geringer in den Zuwandererfamilien als in den deutschen Arbeiterfamilien. Tatsächlich könnte sie noch geringer ausfallen, weil der Anteil der deutschen Arbeiterkinder durch die Berücksichtigung der Aussiedler und der eingebürgerten Ausländer kleiner erscheint. [315]

---

[315] vgl. Bundesministerium für Familie, Senioren, Frauen und Jugend 2000: a.a.o.S.182f

4.4.3.2. Tatsächliche Situation

Das Hochschulstudium wäre eine Alternative für die ausländischen Jugendlichen, die keinen Ausbildungsplatz erhalten haben. Die schulischen Abschlüsse der meisten dieser Jugendlichen berechtigen jedoch nicht zur Aufnahme des Studiums.[316] Allerdings hat das Erlangen der Hochschulreife unter den Zuwandererjugendlichen eine steigende Tendenz. 1989/90 erreichten die Hochschulreife nur 6,4% von ihnen. 2000/2001 ist die Zahl der ausländischen Abiturienten auf 9,3% gestiegen; zum Vergleich lag der Anteil der Abiturienten unter den Deutschen im Jahr 2000/2001 bei 25%.[317]

Abgesehen von der Zunahme der höheren Bildungsabschlüsse ist der Anteil der Studierenden unter den Zuwandererjugendlichen rückgängig. Im Wintersemester 2002/2003 wurde unter allen ausländischen Studierenden lediglich 30% der Bildungsinländer festgestellt.[318] Der Bildungsabstand zu den Deutschen wird seit Mitte der 90er Jahre größer.[319] Ausgehend von der Datenlage ist es wahrscheinlicher, dass ein Kind aus der Zuwandererfamilie an die Sonderschule für Lernbehinderte überwiesen wird, als dass es an einem Hochschulstudium teilnimmt.

4.4.4. Differenzierung der Bildungssituation nach Nationalitäten

Es gibt noch keine eindeutige Erklärung dafür, warum die Vertreter von bestimmten Volksgruppen große Erfolge in der Bildung erzielen, während die Bildungsabschlüsse der Anderen unter dem Durchschnitt liegen. Nachgewiesen ist, dass die Bildungsunterschiede nicht auf die ethnischen Merkmale der Zuwanderer zurückzuführen sind.[320] Außerdem hängt der Bildungserfolg nicht unbedingt von der Integrationsbereitschaft der Zuwanderergruppe ab, da lediglich die spanischen Jugendlichen gleichzeitig als bildungserfolgreich und vollständig gesellschaftlich integriert bezeichnet werden.[321]

Die Bildungserfolgreichsten sind hingegen die Jugendlichen aus Griechenland. Ihr Anteil an der gymnasialen Oberstufe liegt sogar über dem der deutschen Kinder und Jugendlichen. Der Bildungserfolg der griechischen

---

[316] vgl. Granato 2003: a.a.o. S. 121 ff
[317] vgl. Krüger-Potratz 2004: a.a.o. S. 214 ff
[318] vgl. Statistisches Bundesamt 2003: a.a.o.
[319] vgl. Jeschek 2004: a.a.o.
[320] vgl. Holzapfel 1999: a.a.o. S. 86 ff
[321] vgl. Hunger u. Thränhardt 2003: a.a.o. S. 71 ff

Zuwandererkinder wird teilweise damit erklärt, dass etwa 20% von ihnen die griechischen Schulen besuchen, die seit Anfang der 80er Jahre in den Städten mit höherem Anteil der griechischen Bevölkerung errichtet werden. Die Möglichkeit, die schulische Bildung an griechischen Gymnasien fortzusetzen, haben auch die griechischen Absolventen der deutschen Hauptschulen.[322]

Zusammen mit den spanischen repräsentieren die griechischen Kinder den höchsten Anteil unter ausländischen Kindern an den Realschulen und Gymnasien.[323] Der Anteil der türkischen Kinder an den Gymnasien ist im Gegenteil sehr niedrig. Die türkischen Jugendlichen verlassen auch häufiger, als die Zuwandererkinder anderer Nationalitäten, die Schule ohne Abschluss.[324] Ähnlich sieht die Bildungssituation der Kinder aus dem ehemaligen Jugoslawien aus. Etwa 60% der Jugendlichen aus der Türkei und dem ehemaligen Jugoslawien haben entweder einen Hauptschulabschluss oder keinen Schulabschluss.[325]

Bei einer näheren Betrachtung von einzelnen Ländern des ehemaligen Jugoslawiens, ergeben sich die Unterschiede: Die Abschlüsse der Schüler aus Kroatien und Slowenien befinden sich in der Regel in der oberen Reihe, während die Kinder aus Serbien und dem Kosovo nur ganz niedrige Abschlüsse erzielen.[326] Sehr ungünstig ist die Ausgangslage auf dem Bildungsmarkt für die italienischen Kinder. Sie sind häufiger als andere Zuwandererkinder an den Sonderschulen für Lernbehinderte vertreten.[327] Zusammen mit den Kindern türkischer Herkunft sind sie sogar in der zweiten und dritten Generation an den Sonderschulen überrepräsentiert.[328]

4.4.5. Die Bildungssituation von Flüchtlingskindern und -jugendlichen

4.4.5.1. Aufnahme in die Schule

Die Bildungssituation von Flüchtlingskindern bedarf einer besonderen Erläuterung. Allgemein gelten für die Einschulung von Flüchtlingskindern die gleichen Regeln, wie für die übrigen Zuwandererkinder. Das Problem wird

[322] vgl. Bundesministerium für Familie, Senioren, Frauen und Jugend 2000:a.a.o.S.176ff
[323] vgl. Hunger u. Thränhardt 2003: a.a.o. S. 53 ff
[324] vgl. Bundesministerium für Familie, Senioren, Frauen und Jugend 2000:a.a.o.S.176ff
[325] vgl. Hunger u. Thränhardt 2003: a.a.o. S. 53 ff
[326] vgl. ebda S. 71 ff
[327] vgl. Bundesministerium für Familie, Senioren, Frauen und Jugend 2000:a.a.o.S.176ff
[328] vgl. ebda S. 181

aber ganz unterschiedlich je nach Bundesland gelöst. Auch in den Ländern, in denen diese Kinder schulpflichtig sind, z.B. in Hannover, wird nicht selten versucht die jungen Flüchtlinge von der Schule abzuweisen, oder mit Verweis auf die Sprachschwierigkeiten, wie z.B. in Hessen, sie in einen Sprachkursus einzuordnen, und somit ihre Einschulung zu verschieben.[329] Häufig vergeht sehr viel Zeit nach der Einreise in die BRD, bis die Kinder überhaupt in eine Schule kommen.[330] Insbesondere sind die minderjährigen unbegleiteten Flüchtlinge davon betroffen. In den Bundesländern, in denen sie nicht schulpflichtig sind, hängt der Schulbesuch oft vom Engagement des Vormunds ab.[331]

Die jungen Flüchtlinge sind an Schulen mehr als Kinder anderer Zuwanderergruppen benachteiligt. Zudem haben die Migration und Flucht schlechte Auswirkungen auf ihre Schullaufbahn. Viele der Kinder sind Seiteneinsteiger; dabei werden die meisten von ihnen nicht in die leistungsentsprechende Klasse eingestuft.[332]

Aufgrund der kulturellen Unterschiede und rechtlicher Einschränkungen werden die jungen Flüchtlinge von zahlreichen Schwierigkeiten während ihrer gesamten Schulkarriere begleitet.[333] Besonders schwierig ist die Lage der Kinder, die in ihrem Heimatland bereits eine Schule besucht haben, da das deutsche Schulsystem sich oft gravierend von diesem ihrer Herkunftsländer unterscheidet. Außerdem haben viele der Flüchtlingskinder und -jugendlichen die Sprachschwierigkeiten und können daher nicht einwandfrei in der Schule interagieren.[334]

4.4.5.2. Schulische Situation

Im Sekundarbereich I besuchen die Flüchtlingskinder zumeist die Hauptschulen. Die anderen Schularten neigen dazu, die Kinder abzuweisen, z.B. mit dem Verweis auf fehlende Sprachfördermöglichkeiten.[335] Besonders aktiv sind die Gymnasien in der Abweisung von Flüchtlingskindern. Die Abweisung wird damit begründet, dass die Deutschkenntnisse der Kinder für den Besuch des Gymnasiums nicht ausreichen. Die schulischen Leistungen werden dabei weniger berücksichtigt. Auch von deutschen Vertrauenspersonen wird den Flüchtlingskindern der Besuch von Gymnasien nicht

---

[329] vgl. Holzapfel 1999: a.a.o. S. 81 ff
[330] vgl. Apitzsch 1999: a.a.o. S. 428 ff
[331] vgl. Rieker 1999: a.a.o. S. 421 f
[332] vgl. Holzapfel 1999: a.a.o. S. 86 ff
[333] vgl. Rieker, Peter 1999: a.a.o. S. 420 ff
[334] vgl. Holzapfel 1999: a.a.o. S. 86 ff
[335] vgl. Apitzsch 1999: a.a.o. S. 428 ff

empfohlen. Viele der jungen Flüchtlinge streben den Besuch dieser Schulart nicht an, da das Abitur bei einem ungeklärten Aufenthaltsstatus keine weitere Bildungsperspektive schafft.[336]

Die meisten Flüchtlingsfamilien sind zur schulischen Bildung, trotz schlechter Aufenthaltssituation, ernorm motiviert. Die prekären Lebensumstände geben den Eltern und ihren Kindern zusätzlichen Mut, mittels schulischen Erfolgs für ein besseres Leben zu kämpfen.[337] Einige der Eltern haben sich erhofft, durch ihre Flucht u.a. ihren Kindern bessere Bildungsmöglichkeiten zu gewähren. Dabei versuchen die Kinder mit maximaler Leistungsbereitschaft den Wünschen ihrer Eltern entgegenzukommen.[338]

Seitens der Schule wird aber den Kindern nicht ausreichend Rücksicht angeboten. Die Zuwendungen vom Lehrpersonal werden nicht als helfend, sondern als beaufsichtigend wahrgenommen. Die Lehrkräfte werden vor Allem darauf aufmerksam, dass die Flüchtlingskinder schlecht die deutsche Sprache beherrschen und dem Unterricht oft nicht folgen können. Die Kinder machen den Eindruck vom Unterricht überfordert zu sein. Da sie die Deutschkenntnisse zum Teil ergänzend zu der Muttersprache erworben haben, können sie oft ihre Gedanken nicht klar ausdrücken; dabei wird seitens der Lehrer die Intelligenz dieser Kinder bezweifelt. Die Flüchtlingskinder werden aufgrund mangelhafter Deutschkenntnisse überproportional an die Sonderschulen für Lernbehinderte überwiesen.[339]

Die trotz aller Bemühungen negativen schulischen Leistungen sind nicht auf die ethnischen Merkmale der Flüchtlingskinder zurückzuführen, sondern auf ihre prekäre und perspektivlose Lebenssituation. Hinzu kommt ein wiederholter Wechsel des Aufenthaltsortes auf die Initiative der Ämter. Oft befinden sich die Flüchtlingsunterkünfte sehr weit von der Schule entfernt. Die bestehende Distanz zur deutschen Schule wird dadurch noch größer.[340] Außerdem können die meisten Eltern ihre Kinder bei der Schulbildung nicht unterstützen. Zum Einen beherrschen sie schlecht die deutsche Sprache. Zum Anderen haben die Themen, die in der Schule angesprochen werden, wenig Gemeinsames mit den Lebenserfahrungen der Flüchtlingsfamilien. Die Schule orientiert sich an der deutschen Mittelschicht, für die sowohl die Flüchtlingskinder als auch ihre Eltern mit Defiziten behaftet sind.[341]

[336] vgl. Apitzsch 1997: a.a.o. S. 61 ff
[337] vgl. Ringel u. von Balluseck 2003: a.a.o. S. 177 f
[338] vgl. Holzapfel 1999: a.a.o. S. 86
[339] vgl. Ringel u. von Balluseck 2003: a.a.o. S. 179 ff
[340] vgl. Holzapfel 1999: a.a.o. S. 86 ff
[341] vgl. Ringel u. von Balluseck 2003: a.a.o. S. 179 ff

4.4.5.3. Ausbildungssituation

Zur Teilnahme an der Ausbildung benötigen die jungen Flüchtlinge ohne sicheren Aufenthaltsstatus eine Arbeitserlaubnis, die nur in dem Fall erteilt wird, wenn kein bevorrechtigter Bewerber sich für die Ausbildungsstelle interessiert. Ohne Möglichkeit in die Ausbildung einzusteigen, setzen manche Flüchtlinge die schulische Bildung fort, wobei mit dem weiteren Abschluss ihre Situation in der Regel nicht weniger aussichtslos ist.[342]

Wenn die Flüchtlinge außerhalb des schulpflichtigen Alters sind, dürfen sie die Schule nicht mehr besuchen. Zur Aufnahme des Studiums in Deutschland sind sie auch nicht berechtigt.[343] Weiterbildungsmaßnahmen der Bundesagentur für Arbeit stehen in der Regel nur den Flüchtlingen mit einem gesicherten Aufenthaltsstatus zur Verfügung.[344] Die Mehrheit der Flüchtlingsjugendlichen ist auf die Ausbildungsmöglichkeiten außerhalb des dualen Systems oder des Jugendhilfesystems angewiesen. Diese Jugendlichen dürfen an einem Berufsvorbereitungsjahr in den Schulen oder – sofern vorhanden – an Fördermaßnahmen der Kommunen teilnehmen.[345]

Einige der Flüchtlingsjugendlichen sind bereit den Ausbildungsplatz anzunehmen, der sich zufällig als frei ergibt, auch wenn das Angebot nicht ihren Berufswünschen entspricht.[346] Bei den Anderen hängt das Bestreben eine Ausbildungsstelle zu bekommen davon ab, ob die Rückkehr in die Heimat beabsichtigt ist. Durch Verpflichtungen gegenüber den Angehörigen im Heimatland oder gegenüber den Schlepperorganisationen verlieren die Jugendlichen jegliches Bildungsinteresse und streben an, Geld zu verdienen.[347] Sie lassen die Berufsvorbereitungsmaßnahmen außer Acht und steigen wahllos in eine niederwertige Tätigkeit ein. Dabei halten sie an der unqualifizierten Arbeit fest; insbesondere wenn andere Familienmitglieder auf das Einkommen angewiesen sind.[348] Wenn es sich um minderjährige unbegleitete Flüchtlinge handelt, kümmert man sich nur in spezialisierten Heimen darum, dass sie die Bildungsmöglichkeiten in Anspruch nehmen. In einer Einrichtung für Erwachsene interessiert sich niemand für ihre berufliche Zukunft.[349] Also endet für viele Flüchtlinge die schulische Bildung endgültig in der Ausübung einer unqualifizierten Tätigkeit.[350]

---

[342] vgl. Kleyer-Zey 2003: a.a.o. S. 184 ff
[343] vgl. Kocaman u. Thätner 1995: a.a.o. S. 78 f
[344] vgl. Bundesministerium für Familie, Senioren, Frauen und Jugend 2000: a.a.o. S.50ff
[345] vgl. Kleyer-Zey 2003: a.a.o. S. 184 ff
[346] vgl. ebda S. 186 ff
[347] vgl. Rieker, Peter 1999: a.a.o. S. 420 ff
[348] vgl. Kleyer-Zey 2003: a.a.o. S. 185 f
[349] vgl. Holzapfel 1999: a.a.o. S. 184 f
[350] vgl. Kocaman u.Thätner 1995: a.a.o. S. 78 f

4.4.5.4. Arbeit mit Flüchtlingskindern und -jugendlichen am Beispiel exilio e.V.,

Aus meiner praktischen Tätigkeit mit Flüchtlingskindern und -jugendlichen ist mir bekannt, wie schwer dieses Los zu ertragen ist. Die meisten Kinder und Jugendlichen, die mir bei exilio e.V. (Hilfe für Migranten, Flüchtlinge und Folterüberlebende), begegnet sind, haben in ihrem kurzen Leben bereits reichlich Erfahrungen gesammelt, um die sie nicht zu beneiden sind. Sehr viele von ihnen verbrachten einen großen Teil ihres Lebens ohne sichere Umgebung und notwendige Fürsorge. In Deutschland angekommen leben sie in Asylbewerberunterkünften in außergewöhnlich prekären Zustand oder in vergleichbar schlecht ausgestalteten Wohnungen.

Viele der Kinder und Jugendlichen verfügen über lückenhafte Kenntnisse sowohl in der Muttersprache als auch in der deutschen Sprache. Bei Unterhaltungen verwenden sie oftmals zwei Sprachen gleichzeitig. Verständnisschwierigkeiten treten selbst in Gesprächen mit Landesleuten auf, die keine Basiskenntnisse der deutschen Sprache besitzen.

Die betroffenen Kinder sind in der Regel für ihre Klasse überaltert. Überproportional viele Kinder aus Flüchtlings- bzw. Asylbewerberfamilien werden an die Sonderschulen für Lernbehinderte überwiesen. Bei der Suche nach einem Ausbildungsplatz geht es den Flüchtlingsjugendlichen gar nicht um eine berufliche Perspektive, sondern um das bloße Überleben; sie sind bereit jeden freien Ausbildungsplatz anzunehmen. Es besteht eine geringe Wahrscheinlichkeit, dass die Berufswünsche erfüllt werden. Die meisten Jugendlichen sind nicht in der Lage eine Bewerbungsmappe ordentlich zusammenzustellen, zudem fehlen ihnen oft die finanziellen Mittel dazu. Da die Dauer ihres Aufenthalts ohnehin ungewiss ist, erscheint vielen von ihnen die Investition von Mitteln und Mühe als wenig sinnvoll.

Die Flüchtlingskinder und -jugendliche haben kaum Perspektiven in unserer Gesellschaft. Selbst für Menschen, die sich hauptberuflich für Flüchtlingskinder und -jugendliche engagieren, sind die Resultate nicht immer zufriedenstellend; dabei wird der Erfolg für den Betroffenen oft als die beste Belohnung für die geleistete Arbeit erwartet. Trotzdem möchte Gisela von Maltitz, Geschäftsführerin von exilio, nicht aufgeben und weiter um das Schicksal jedes einzelnen Flüchtlingskindes kämpfen. Als anerkannter Träger der freien Jugendhilfe arbeitet exilio in dem Bereich seit mehr als 11 Jahren. Regelmäßig unterstützt exilio Flüchtlingskinder bei der Erledigung von Hausaufgaben. Geholfen wird den Jugendlichen auf der Suche nach einer Ausbildungsstelle. Die Mitarbeiter von exilio übernehmen darüber hinaus Vermittlungen zwischen Eltern, Schülern, Lehrern und dem Schulamt.

Bei exilio bedanken sich Kinder und Jugendlichen verschiedener Nationalitäten. Seit der Gründung im 1995 werden bei exilio die Flüchtlingskinder und Jugendliche mit ihren Familienangehörigen ganzheitlich betreut, keiner der Hilfesuchenden wird von den Helfern abgewiesen. Bei exilio bekommen sie Geborgenheit, Mut und Hoffnung. Die Mitarbeiter von exilio werden zunehmend von Praktikanten und freiwillig engagierten Bürger unterstützt. Sogar die berühmte Kinderbuchautorin Cornelia Funke, setzt sich seit vielen Jahren für die Rechte von Flüchtlingskindern und Jugendlichen ein und ist Schirmherrin des Vereins.[351]

[351] vgl. exilio e.V. 2006: a.a.o.

5. Schlussfolgerung

5.1. Zur sozialen Situation ausländischer Kinder und Jugendlicher

Die ausländischen Familien nehmen meistens die untersten Positionen in der deutschen Gesellschaft ein und haben ein negatives Ansehen. Die Größe der gesellschaftlichen Distanz zu den Familien bestimmter Zuwanderergruppen richtet sich nach ihrer Stellung in den Gesetzen bzw. wird durch die Gesetzgebung hergestellt; dabei wird die feindliche Einstellung zu den Zuwanderern auf ihre Kinder ausgedehnt. Allerdings genießen die Aussiedlerkinder die rechtliche Gleichstellung mit den Einheimischen. Trotzdem werden sie in der Gesellschaft ausgegrenzt und nicht eindeutig zu den Deutschen zugerechnet. Die Ablehnung von Aussiedlerkindern knüpft sich weiterhin an die Weigerung der deutschen Bevölkerung, sich mit den Zuwanderern bzw. ihrer Kultur zu identifizieren. Ein Interesse der deutschen Bevölkerung an den Zuwanderkindern wird überwiegend als Ansatzpunkt für die Lösung des demographischen Problems erweckt.

Die ausländischen Familien mit mehreren Kindern beziehen in der Regel kleinere Wohnungen, als es bei den einheimischen Familien der Fall ist. Einige Gruppen von Zuwanderern leben vorübergehend oder dauernd in Wohnheimen, in denen die Durchsetzung einer Trennung des Eltern- und Kinderbereiches nicht möglich. Außerdem siedeln sich die Familien, in bestimmte Wohngebiete ein, so dass der Aufbau einer Beziehung mit der Außenwelt zunächst kaum möglich ist. Des Weiteren ist für die Familien üblich, den Lebensunterhalt mit einem geringeren Einkommen als eine deutsche Familie zu bestreiten.

Auf dem deutschen Arbeitsmarkt konkurrieren verschiedene Gruppen von Zuwanderern um die niederwertigsten Arbeitsplätze miteinander; eine bessere berufliche Platzierung erreichen nicht viele von ihnen. Dabei ist die Beschäftigungsaufnahme für die Mitglieder einer Flüchtlingsfamilie häufig nur bedingt möglich. Von allen Zuwandererkindern und -jugendlichen verbringen die jungen Flüchtlinge ihre Kindheit unter schlechtesten Lebensbedingungen und finanziellen Ausstattungen. Des Weiteren sind diese auch in der Teilhabe am kulturellen Leben aus rechtlicher Hinsicht eingeschränkt.

Die ausländischen Familien empfinden Deutschland nicht als ihre (zweite) Heimat. Sie nehmen am gesellschaftlichen Leben Deutschlands kaum teil. Weiterhin halten sie an den Werten der Herkunftsgesellschaft fest; die familiäre Sozialisation der Zuwandererkinder verläuft dabei abweichend von der deutschen Realität. Der Erziehungsstil des Heimatlandes führt zu anderer Selbstwahrnehmung und Selbstpräsentation. Deshalb haben die ausländischen Kinder und Jugendlichen Schwierigkeiten einen Kontakt mit den Einheimischen herzustellen. Sie sind weiterhin auf herkunftslandbezogene Kreise angewiesen. Dabei ist eine reibungslose Eingliederung dieser Kinder in die Gesellschaft unmöglich. Daher werden die Zuwanderer in Deutschland auch in den weiteren Generationen schlecht gesellschaftlich integriert: In der parallelen Welt, in der sie leben, wird ein Bezug auf den deutschen Alltag nicht erkannt und somit auch nicht die Notwendigkeit sich zu integrieren.

Die meisten ausländischen Familien haben eine traditionelle Familienform und einen starken Zusammenhalt innerhalb der Familie bewahrt. Sie befürworten patriarchalisch geprägte Autoritätsstrukturen mit traditioneller Rollenverteilung; traditionell streben sie eine höhere Kinderzahl an. Die Kinder in solchen Familien sind nicht gewöhnt selbständig zu handeln, die Entscheidungen für sie werden von den Eltern bzw. der ganzen Familie getroffen. Da die Zuwandererkinder im Zuwanderungsland wie ihre Eltern gesellschaftlich abgelehnt sind, sind sie auf die Unterstützung innerhalb der Familie angewiesen; es entwickelt sich oft die Abhängigkeit von der Familie. Diese betrachtet die Migration zunächst aus der Perspektive des sozialen Aufstiegs in der Heimatgesellschaft.

Im Laufe der Migration, wenn der soziale Aufstieg im Herkunftsland an Bedeutung verliert, setzen sich die Familien mit ihrer sozialen Position im Zuwanderungsland auseinander. Häufig wird erkannt, dass der soziale Aufstieg im Herkunftsland zum Preis einer niedrigen sozialen Position im Zuwanderungsland geschieht. Den Eltern fällt es besonders schwer, ihren niedrigen sozialen Status in Verbindung mit den eigenen Kindern einzugestehen. Aus Angst vor dem Autoritätsverlust wollen die Eltern ihre Kinder von der gesellschaftlichen Realität fernhalten, dabei behindern sie die Integration der Kinder in die deutsche Gesellschaft.

5.2. Zur Benachteiligung nach sozialer Herkunft im deutschen Bildungssystem

Das dreigliedrige Schulsystem wurde, mehrmals modifiziert, aus dem 19. Jahrhundert übernommen. Es repräsentiert, auch heute noch, das Interesse der Klassengesellschaft, dient zur Steuerung natürlicher Selektion und zur Kontrolle künftiger Autoritätsstrukturen. Aufgrund der unzureichenden Bildungsbeteiligung der unteren sozialen Schichten und der geschlechtspezifischen Bildungsbenachteiligung wurde in den 60er mit der Reformierung des Bildungssystems begonnen.

Trotz zahlreicher Bemühungen, stellt das gegenwärtige Schulsystem nicht in den Mittelpunkt, den Bildungsabstand zwischen den sozialen Schichten zu minimieren. Die Bildungsreform hat lediglich zu der höheren Bildungsbeteiligung für alle sozialen Schichten geführt, die Chancengleichheit wurde dabei nicht annähernd hergestellt und die Bildungsangebote wurden nicht an individuellen Wünschen orientiert.

Die selektive Funktion des Bildungssystems wurde abgeschwächt. Zwar dient die Trennung von Schulformen heutzutage nicht nur der sozialen Differenzierung, jedoch wird die „sozialerreichbare" weiterführende Schulform durch die Schichtzugehörigkeit der Eltern definiert. Es werden weiterhin die Unterschichtkinder aufgrund ihrer Herkunft auf die niedrigeren Schularten kandidiert, um den Kindern aus sozial stärkeren Schichten den Weg zu den hochrangigen Schulformen einzuräumen. Daraus resultiert, dass die Wahl der Schulart für die Familie erfolgt, ohne Wünsche des Kindes dabei zu berücksichtigen. In der ungleichen Behandlung von Unterschichtkindern tritt die Doppelmoral des Bildungssystems in den Vordergrund: Einerseits wird die Chancengleichheit und Demokratisierung proklamiert, andererseits wird durch die selektive Funktion des dreigliedrigen Bildungswesens die Bildungsdistanz zwischen den sozialen Schichten aufrechterhalten.

In den weiterführenden Schulen wird die künftige soziale Stellung der Kinder vordefiniert. Die weiteren Bildungs- und Berufswege der Kinder werden entsprechend der Zuordnung bestimmt. Durch Entscheidung über die weiterführende Schulart, die noch vor Abschluss der Grundschule fällt, wird das Fundament der Ungleichheit gelegt: Manche Kinder werden bereits mit 9 Jahren auf ein Hochschulstudium vorbereitet, während für einige andere, die ungefähr in demselben Alter sind, unter Annahme, dass sie weniger begabt sind, entschieden wird, dass sie nicht daran teilnehmen.

Zwar ist die Rechtmäßigkeit der Grundschulentscheidungen umstritten, jedoch stimmen die Bildungswege der meisten Schüler mit den Empfehlungen überein. Die Durchlässigkeit widerspricht dem Ziel der Dreigliedrigkeit und tritt nur in Ausnahmefällen in den Vordergrund; wobei ihre Anerkennung die Grundschulempfehlungen entwertet. Außerdem werden die meisten Schüler an die jeweilige Schulart angepasst, so dass die Notwendigkeit der Durchlässigkeit für sie entfällt.

Das deutsche Bildungssystem nimmt seinen Bildungsauftrag nicht ernst. Erstens rückt die Grundschule den Selektionsauftrag in den Vordergrund. Sie entlastet sich von der rechtmäßigen Durchführung des Lernauftrags, indem sie ihre Wahl vor allem nach sozialen Kriterien trifft bzw. die sozialen Voraussetzungen den Leistungen der Schüler vorzieht. Zweitens ist die Funktion der Bildung längst auf das Anstreben von Abschlüssen reduziert. Drittens setzt die bestehende Schulpflicht keinen obligatorischen Mindestabschluss voraus. Viertens wird durch frühere Selektion das Problem der Unterstützung der Leistungs- und Sozialschwachen negiert, da mit dem Fortbestehen der Hauptschule die Notwendigkeit, das Problem in Mittelpunkt zu stellen, entfällt. Somit wird durch das Schulsystem die soziale Ungleichheit nach dem gesellschaftlichen Vorbild wiederhergestellt. Davon profitieren vor allem die sozial starken Schichten. Zwar wird nach einer anderen Lösung immer wieder gesucht, ohne aber das Interesse der stärkeren Schichten zu beinträchtigen.

Dem Abbau der Benachteiligung im Bildungssystem ist die Integrierte Gesamtschule nah. Allerdings ist die Schulart nur von den Unterschichten unterstützt. Zwar stellt die Gesamtschule den Sinn der Dreigliedrigkeit in Frage, jedoch möchte die Mehrheit ungern auf das traditionelle Bildungssystem verzichten, da die Selbstverständlichkeit der Ungleichheit in der Gesellschaft verankert ist. Der der Trend zur gymnasialen Bildung hält die soziale Ungleichheit aufrecht.

Änderungen im Bildungssystem widersprechen den Interessen der stärkeren Schichten und sind daher nicht erwünscht. Das Bildungssystem wird vorausschauend von den sozial Starken ausgenutzt. Im Sinne einer frühen Differenzierung wird die Isolierung von den „Schwachen" praktiziert. Es wird erwartet, dass das dreigliedrige Bildungssystem weiterhin das Eindringen der Kinder aus unteren sozialen Schichten in die höheren Bildungspositionen verlangsamt. Auf Kosten der Bildungschancen von sozial Schwachen sind die oberen sozialen Schichten in Deutschland bildungsprivilegiert.

5.3. Zur Situation ausländischer Kinder und Jugendlicher im deutschen Bildungssystem

Bereits in Kindergärten werden die ausländischen Kinder nach ihren ethnischen Merkmalen differenziert. An den Schulen sind die Schüler mit nichtdeutschem kulturellem Hintergrund nicht unbedingt erwünscht. Über einen längeren Zeitraum wurde keine Notwendigkeit erkannt für ausländische Kinder die Schulpflicht zu erweitern; für die Flüchtlingskinder wird weiterhin keine einheitliche Schulpflicht eingeführt. Beim Unterricht wird nicht nach Kulturzugehörigkeit der Zuwandererkinder gefragt. Die Lehrkräfte werden ungenügend interkulturell ausgebildet. Trotz steigender Zahl der Zuwandererkinder werden die Elemente ihrer Heimatkultur in das schulische Leben nicht einbezogen. Die Erziehung im Sinne der deutschen Kultur wird den Kindern zwangsläufig aufgesetzt.

Die Mehrsprachigkeit ausländischer Kinder wird an den Schulen nicht als Vorteil angesehen. Im Gegenteil wird behauptet, dass für den schulischen Erfolg keine andere, außer der deutschen Sprache gebraucht wird. Dabei reichen die Kenntnisse der Kinder in der deutschen Sprache oft nicht aus, um dem Unterricht zu folgen. Obwohl die Zuwandererfamilien großen Wert auf das Erlernen der deutschen Sprache legen, können sie in der Regel ihren Kindern keine Begleitung beim Spracherwerb gewähren.

Auch die Kenntnisse der Muttersprache werden in den Familien nur auf einem niedrigen Niveau erreicht. Die Unterstützung der Muttersprache ist nicht flächendeckend angeboten. Ohne fachkompetente Unterstützung ist die Muttersprache unzureichend entwickelt, so dass der Unterrichtsinhalt nicht in der Muttersprache verarbeitet und in die deutsche Sprache übertragen werden kann. Bei der Feststellung von Lerndefiziten wird aber lediglich mit den Sprachschwierigkeiten im Deutschen argumentiert, niemand führt dies auf unzureichende Kenntnisse in der eigenen Sprache zurück.

Während ihrer Schulkarriere werden die ausländischen Kinder der Wirkung von diskriminierenden Mechanismen ausgesetzt, die in der Schule institutionalisiert sind. Die Diskriminierungen beginnen mit der Einschulung. Zum Schutze der übrigen Schüler werden die Zuwandererkinder, die angeblich aufgrund unzureichender Deutschkenntnisse dem Unterricht in einer leistungsentsprechenden Regelklasse nicht folgen können, in besonderen Klassen isoliert. Falls die besonderen Klassen an der Grundschule nicht vorhanden sind, wird nach Voraussetzungen für eine Zurückstellung bei den Kindern potentiell gesucht; die andersartigen kulturellen Kompetenzen und Verhaltensweisen, werden dabei als „Schulunreife“ ausgelegt. Die ausländischen Kinder werden an der Schule auf Förderfälle reduziert und in Schulkindergärten geschickt. Nach dem Besuch der Einrichtung werden die Kinder für die weitere Schullaufbahn stigmatisiert.

Die Schwierigkeiten werden bei den ausländischen Kindern nicht nur gerne entdeckt und betont, sondern auch durch Erwartungen der Schule produziert; die ethnischen Merkmale werden dabei als Defizite vorgeführt, die zu beheben die Regelschule nicht in der Lage ist. Die Aufnahme an die Sonderschule, die bei den ausländischen Kindern häufiger als bei den Deutschen geschieht, wird oft abweichend von Regeln durchgeführt. Dabei werden die Sprachschwierigkeiten, die viele der Kinder haben, mit den Lernschwierigkeiten verwechselt. Außerdem wird bei den Zuwandererkindern von denselben Lernvoraussetzungen, wie bei den deutschen Kindern ausgegangen, ohne zu versuchen ihnen diese zu ermöglichen. Leider versuchen viele Lehrkräfte die Überweisung von Ausländerkindern in die Sonderschule für Lernbehinderte nicht zu verhindern. Dabei steht es im Vorfeld fest, dass die Sonderschule weder mehr als die Regelschule der Entwicklung des Kindes im „Sinne der deutschen Kultur“ beiträgt, noch die zuwandererspezifischen Unterschiede behebt.

Aus schulischer Sicht werden die ausländischen Kinder als förderbedürftig angesehen; dabei wird die Erteilung des Förderunterrichtes an den Schulen nicht regelmäßig durchgeführt. Die Prinzipien, nach welchem die Kinder überhaupt gefördert werden, sind aus der Literatur nicht eindeutig zu erkennen. Allerdings erzielen diese Maßnahmen zu wenig Erfolg. Der Förderunterricht wird oft mit dem Ziel durchgeführt, die negativen Entscheidungen zu legitimieren. Statt den Kindern Hilfe zu gewähren, verlegt die Schule die Probleme an die fördernden Institutionen, ohne Grenzen zwischen einer Unterstützung und Ausgrenzung zu beachten. Da es den fördernden Institutionen vor allem um den Anteil der Kinder geht, sind diese weniger an Anpassung und besserer Leistung ihrer Schüler interessiert. Daher erfüllen die Maßnahmen keine integrierende Funktion.

Der Übergang in die weiterführende Schule stellt eine größere Herausforderung für die ausländischen Kinder im Vergleich zu den Einheimischen dar. Außerdem spielen für den Übergang der ausländischen Kinder aus der sozialen Unterschicht die Noten eine größere Rolle, als es bei (deutschen) Ober- und Mittelschichtkindern der Fall ist. Für eine Gymnasialempfehlung gilt für die ausländischen Kinder ein anderer Mindestwert, wobei die Benotung der erbrachten Leistungen oft nach strengeren Kriterien erfolgt. Motivation und Leistungsfähigkeit der Schüler haben am Ende der Grundschulzeit für den Übergang in die höheren Schularten, im Vergleich zu den Deutschkenntnissen, eine nachrangige Bedeutung. Es wird nicht davon ausgegangen, dass die Schüler ihre Deutschkenntnisse an der weiterführenden Schule ausweiten, im Gegenteil, werden die Sprachschwierigkeiten sogar den Kindern mit guten Deutschkenntnissen prognostiziert.

Für einer Empfehlung zur einer weiterführenden Schule ist von Bedeutung, ob das ausländische Kind der jeweiligen Schulform als angemessen vorkommt. Regelmäßig sind die Zuwandererkinder an den niederen Schularten akzeptiert, da ihre familiäre Sozialisation nicht an den höheren Schulformen begrüßt wird. Der Besuch einer höheren Schulform wird sogar den leistungsfähigen ausländischen Schülern nicht empfohlen. Aufgrund unzureichender Kenntnisse des deutschen Bildungssystems legen die Zuwandererfamilien zumeist einen großen Wert auf die schulische Empfehlung und gehen danach vor. Dabei wird die Platzierung der ausländischen Kinder im deutschen Bildungswesen, die hinter jener der deutschen Unterschichtkinder liegt, vielfach durch die Schule manipuliert.

Das deutsche Bildungssystem sieht nicht vor, die Zuwandererkinder und -jugendlichen über die Hauptschule hinaus zu integrieren; Daher ist der Bildungsstandard für die ausländischen Jugendlichen der Hauptschulabschluss; wobei die Überrepräsentation der Zuwandererkinder unter leistungsschwachen Schülern an den Hauptschulen dem negativen Bild des ausländischen Schülers beiträgt. Durch die Empfehlung der Hauptschule wird die gleiche soziale Stellung für die Kinder nach der Einschätzung des Elternhauses vordefiniert; der Zuwandererfamilie ist dabei ihr Platz in der Gesellschaft signalisiert. Somit sind durch frühere Selektion die meisten ausländischen Kinder in den Aufstiegschancen eingeschränkt; ihnen werden viele Bildungsmöglichkeiten unerreichbar gemacht, ohne ein Zugangsverbot aufzustellen.

Die meisten ausländischen Familien sind ihrerseits oft davon überzeugt, dass sie im sozialen Sinne einer höheren Schulform nicht gewachsen sind. Trotz höherer Bildungsmotivation können die Zuwanderereltern die Leistungsfähigkeit ihrer Kinder nicht richtig einschätzen. Dem Risiko, an einer höheren Schulform zu scheitern, wird immer die Möglichkeit, eine niedrigere Schulart mit besseren Noten abzuschließen, gegenübergestellt.

Die Eltern können oft nicht, aufgrund der herkunftsbezogenen Selektion, ihre Kinder einer höheren Schulform anvertrauen. Außerdem ist den meisten ausländischen Familien bekannt, dass ihre Lebensvorstellungen nicht immer mit der Schule übereinstimmen. Um einfach ihren häuslichen Frieden zu bewahren, wählen die Familien eine niederrangige Schulform, die überwiegend von den Kindern mit demselben sozialen Hintergrund besucht wird. Hiermit geben sie ihre niedrige soziale Stellung zu. Allerdings wählen die Familien, die entgegen den Grundschulempfehlungen der gesellschaftlichen Realität widerstehen, die Gesamtschulen für ihre Kinder.

Im Vergleich zu der einheimischen Bevölkerung erreichen die ausländischen Jugendlichen niedrige Bildungsabschlüsse. Die Schule zieht die Berufswünsche der Zuwandererjugendlichen nicht in Betracht und erwartet von ihnen keinen Bildungserfolg. Daher werden den Jugendlichen die besseren Bildungspositionen nicht zugänglicher gemacht. Durch berufliche Beratung werden sie nicht unbedingt über alle bestehenden Bildungsmöglichkeiten informiert. Eine Hilfe haben die meisten Zuwandererjugendlichen kaum von jemandem zu erwarten. Sie sind auf sich selbst gestellt und auf indirekte Bildungswege angewiesen. Dabei gelingt es nur wenigen von ihnen, eigene Bildungsziele im Einklang mit dem Interesse des Zuwanderungslandes genau zu definieren, richtige Prioritäten zu setzen und in die Bildungswege zu übertragen. Hinzu kommt, dass die Bildungsmöglichkeiten der meisten ausländischen Kinder und Jugendlichen aus Kostengründen eingeschränkt sind.

Die Jugendlichen aller Zuwanderergruppen haben sehr niedrige Chancen einen Ausbildungsplatz zu finden. Sie sind in den Betrieben, genau wie an den höheren Schularten, nicht willkommen. Für sie werden überwiegend die Plätze bestimmt, die für die deutschen Bewerber uninteressant sind. Die Situation der Jugendlichen auf dem Ausbildungsmarkt wird dadurch erschwert, dass den meisten von ihnen seitens der Familie vielfach die heimatlandorientierten Bildungseinstellungen vermittelt werden. Die Rückkehrperspektive wird in die Berufswahl mit einbezogen. Es wird ausschließlich nach einem, auch im Herkunftsland verwertbaren Beruf gesucht. Obwohl in den Berufsentscheidungen eine Logik zu erkennen ist, kann vom Elternhaus aus der Weg in die berufliche Bildung, oft aus Mangel an Kenntnissen im Berufsbildungssystem und notwendigen Beziehungen, nicht richtig gesteuert werden.

Die Differenz zwischen den Bildungswünschen und -möglichkeiten ist bei den Zuwandererjugendlichen aller Gruppen größer als jene bei den Deutschen. Allerdings erreichen die Jugendlichen verschiedener Nationalitäten nicht denselben Bildungserfolg. Z.B. sind die griechischen Jugendlichen sogar bildungserfolgreicher als die deutschen Jugendlichen. Als weniger erfolgreich gelten italienische, jugoslawische und türkische Jugendliche. Die Tatsache, dass der Erfolg in der Bildung durch Nationalität bestimmt ist, deutet sowohl auf ethnische Diskriminierung als auch auf herkunftsbezogene Einschätzung der jeweiligen Zuwanderergruppe. Z.B. haben Spanier aufgrund ihrer Fähigkeit, sich an die deutsche Gesellschaft anzupassen, größere Bildungschancen als Türken.

Das unzureichende Bemühen die sozialbenachteiligten ausländischen Kinder und Jugendlichen in das Bildungssystem zu integrieren, wird anhand der Überrepräsentation der Kinder aus den Familien mit niedrigstem Bildungsniveau (türkische und italienische), an den Sonderschulen für Lernbehinderte deutlich. Die Legitimation der Diskriminierungen von ausländischen Kindern und Jugendlichen wird durch die Bildungssituation der Flüchtlingskinder und -jugendlichen, die zu Sündenböcken des Bildungssystems geworden sind, zum Ausdruck gebracht. Durch schlechte Behandlung von Flüchtlingskindern werden die negativen Einstellungen und Sanktionen für die übrigen ausländischen Kinder initiiert.

5.4. Benachteiligungskriterien

5.4.1. Soziale Kriterien

Die soziale Benachteiligung innerhalb der Gesellschaft spiegelt sich vielfach in der schulischen Bildung wieder. Zunächst werden durch Wohnbedingungen der ausländischen Familien schlechte Lernbedingungen produziert; im Bildungssystem nehmen die Zuwandererkinder einen ähnlichen Platz wie ihre Eltern in der Gesellschaft ein. Außerdem kommen die ausländischen Kinder und Jugendlichen überwiegend aus Familien, die entweder ein geringeres Bildungsniveau haben oder infolge der Migration sozial deklassiert sind. Die meisten Zuwandereltern sind nicht in der Lage, ihr Leben in der Fremde zu organisieren und somit ihre Kinder ausreichend in der Schule zu begleiten. Zudem hemmen die mangelnden Integrationsmaßnahmen die gesellschaftliche Integration und wirken sich negativ auf die schulische Integration der Kinder aus. Hierzu tragen auch die rechtlichen Einschränkungen für bestimmte Zuwanderergruppen, insbesondere Flüchtlingsfamilien, bei.

Die meisten ausländischen Familien gehören zur gesellschaftlichen Randgruppe mit niedrigerem Einkommen, so dass die Bildungsausgaben für sie eine große finanzielle Zusatzbelastung darstellen. Die Bildungswege der Kinder scheitern aufgrund unzureichender finanzieller Mittel in der Familie. Oft müssen die Zuwandererjugendlichen ihre Bildung unterbrechen, um den anderen Geschwistern diese Möglichkeit einzuräumen.

Die unteren Bildungspositionen ihrer Kinder betrachten die meisten Zuwandererfamilien als selbstverständlich. Sie lehnen die Benachteiligung nicht ab, vielmehr identifizieren sie ihre Kinder, im Bezug auf die eigene soziale Stellung, mit einer niederen Schulart. Sie geraten in eine widersprüchliche Situation. Ein besserer Schulabschluss wird in der Familie zwar gewollt, aber den Kindern nicht zugemutet. Aufgrund des schlechten Auskennens im Bildungssystem, können die Zuwandereltern die Bildungswege ihrer Kinder nicht steuern.

Die frühere Selektion nimmt den Kindern die Möglichkeit, ihre Bildungslaufbahn selbständig zu steuern. Die Kinder aus unteren sozialen Schichten, zu denen die meisten Zuwandererkinder gehören, haben schlechtere Ausgangspositionen. Zwar dürfen die meisten von ihnen an allen Bildungs- und Ausbildungsangeboten teilnehmen, sorgt die Dreigliedrigkeit dafür, dass die bildungsunprivilegierten sozialen Gruppen von der Bildung weiterhin fernbleiben.

Die positive Diskriminierung führt dazu, dass die ausländischen Kinder in der Regel die ungünstigsten Positionen in der Bildungspyramide einnehmen. Dabei treten weitere Benachteiligungen wie ein Kettenphänomen in Erscheinung: Die Schulart, die die Kinder besuchen, beachtet nicht, dass die Schüler den Mindestmaß an Bildung durch die Schule erfahren, um ihr Schicksal darüber hinaus zu gestalten; selbst bei guten Leistungen haben die Kinder kaum Übergangsmöglichkeit in eine andere Schulart. Sie können in der Regel nicht den sozialen Aufstieg durch einen direkten Bildungsweg erreichen. Hinzu kommt, dass der Einstieg der ausländischen Jugendlichen in den Ausbildungsmarkt durch persönliche Beziehungen eingeschränkt ist.

5.4.2. Zuwandererspezifische Kriterien

Die zuwandererspezifische Benachteiligung im deutschen Bildungssystem ergibt sich aus der gesellschaftlichen Ablehnung der Zuwanderer, aufgrund ihrer unzureichenden Integration in die deutsche Gesellschaft, die wiederum infolge der emotionalen Bindung der Menschen an ihr Herkunftsland entsteht. Dabei bewegt sich die Benachteiligung von ausländischen Kindern in einem Kreis. Die Kindererziehung in Zuwandererfamilien erfolgt im Sinne des Herkunftslandes. Es wird die für das Herkunftsland übliche traditionelle Familienform bewahrt, die die Integration der Kinder in die Schule erschwert. Da die ausländischen Familien von den Einheimischen nicht genügend akzeptiert werden, erfahren sie in der Bevölkerung keine integrative Unterstützung. Somit entstehen in den Familien kein Zugehörigkeitsgefühl zu der deutschen Gesellschaft und keine Identifikation mit Deutschland. Die Distanz zu der deutschen Gesellschaft und der deutschen Schule wird aufrechterhalten. Das Festhalten an den herkunftsländlichen Traditionen wird fortgesetzt.

Die zuwandererspezifischen Benachteiligungskriterien knüpfen sich zunächst an unzureichende Deutschkenntnisse der Zuwandererkinder im Zusammenhang mit ihrer kulturellen Zugehörigkeit. Die Einstellung zu den Zuwandererkindern wird vielfach durch die Vorurteile und Stereotypebildungen geprägt, die als Anlass zur schulischen Ausgrenzung und Abweisung dienen. Nach Defiziten wird bei den Zuwandererkindern potenziell gesucht oder sie werden aus ethnischen Merkmalen geschaffen. Die Kinder leiden dabei unter systematischen Benachteiligungen, die von Bommes und Radke als institutionalisierte Diskriminierung bezeichnet werden. Sie erfahren eine Unterbenotung und Unterschätzung ihres Leistungspotenzials. Ihre Muttersprache wird an den deutschen Schulen kaum berücksichtigt. Die Förderung wird den Kindern sowohl in der Muttersprache als auch in den unterrichtsbezogenen Fächern unzureichend angeboten.

Die zuwandererspezifischen Benachteiligungskriterien lassen sich aus der Situation in der beruflichen Bildung am deutlichsten ableiten. Die meisten Betriebe haben kein Interesse die ausländischen Jugendlichen auszubilden. Solange die deutschen Bewerber vorhanden sind, werden die jungen Zuwanderer aus ethnischen Gründen abgelehnt. Bei der Suche nach einem Ausbildungsplatz folgen die Jugendlichen den familiären Entscheidungen und orientieren sich dabei an ihrem Herkunftsland. Auch das Geschlecht trägt zur Entscheidung der Jugendlichen bei. Dabei ist das Auskennen in dem Berufsbildungssystem bei den Zuwandererfamilien sehr gering. In der beruflichen Beratung erfolgt keine neutrale Einstellung zu den Jugendlichen, sie werden dadurch nicht immer auf die richtigen Bildungswege gebracht. Somit haben die Zuwandererjugendlichen (auch in der dritten Generation), sehr wenige Chancen eine feste Position in der deutschen Gesellschaft zu erzielen.

5.5. Verbesserungsvorschläge

5.5.1. Zum Abbau von sozialer Benachteiligung

Für erfolgreiches Leben in der modernen Gesellschaft ist umfangreiche und flexible Bildung von zunehmender Bedeutung. Um die Bildungsbenachteiligung von unteren sozialen Gruppen zu relativieren, wäre das Bildungssystem zu sanieren. Vor allem wäre die Durchlässigkeit zwischen den Schularten zu ermöglichen. Außerdem wären die Schularten mit Berücksichtigung der Interessen aller Bevölkerungsgruppen zu gestalten. Wünschenswert wäre darüber hinaus, allgemeine Schulbildung eines höheren Niveaus allen Kindern zu gewähren.

Der Schule wäre zu empfehlen, ihren Bildungsauftrag ernsthafter wahrzunehmen. Den Einfluss der Familie auf die schulische Bildung wäre zu minimieren; die eigenen Bildungswünsche der Kinder wären zunehmend zu berücksichtigen. Die Kinder wären über Bildungsangebote rechtzeitig aufzuklären. Darüber hinaus wäre den Kindern die Möglichkeit einzuräumen, über die weiterführende Schulart selbständig zu entscheiden. Sollte dabei der Selektionsauftrag weiter bestehen, wäre es sinnvoll, der Selektion- vom Lernauftrag zu trennen. Die Differenzierung wäre durch unabhängige

Fachkräfte von Außen durchzuführen. Des Weiteren wäre es notwendig, individuell auf die Lebensumstände jedes bildungsbenachteiligten Kindes einzugehen, um die Ursache für die schlechte Bildungssituation zu beseitigen.

5.5.2. Zum Abbau von zuwandererspezifischer Benachteiligung

Um die ausländischen Kinder besser in das deutsche Bildungssystem zu integrieren, wären die Kinder nach ihrer ethnischen Zugehörigkeit nicht zu trennen; die Abhängigkeit des Bildungserfolgs von der kulturellen Zugehörigkeit wäre zu relativieren. Unterrichtsinhalte wären kulturneutral zu gestalten. Die Entwicklung der Muttersprache wäre durch mehrere muttersprachliche Unterrichtangebote zu unterstützen. Bei den Seiteneinsteigern wären die Leistungen in der Muttersprache in Kauf zu nehmen, um eine Gleichheit der Voraussetzungen mit den einheimischen Kindern mehr oder weniger herzustellen. Außerdem wäre das Alter von den Seiteneinsteigern zu minimieren und ihre schulische Unterstützung zu qualifizieren. Die Bildungssituation von Flüchtlingskindern wäre durch das Öffnen des Zugangs zu allen Bildungsangeboten zu bessern; dabei wäre die Bildung als Chance auf eine sichere Rückkehr in das Heimatland und als Fluchtprävention zu betrachten.

Die positive Einstellung zu den Kindern wäre durch Zerstörung vom negativen Bild der Zuwanderer zu erzielen. Die Akzeptanz der Zuwandererkinder an den deutschen Schulen wäre vor allem durch Akzeptanz der Zuwanderer als Mitglieder der deutschen Gesellschaft zu gewinnen. Dies wäre aber nur dann möglich, wenn die Zuwandererfamilien gleichzeitig motiviert wären, sich in die deutsche Gesellschaft zu integrieren. Von den Zuwanderern wäre dabei die Bereitschaft zu erwarten, Deutschland mit seiner Geschichte, Kultur und seinen Traditionen als (zweites) Heimatland anzunehmen und auch als ein Bestandteil des Selbst anzuerkennen.

6. Literaturverzeichnis

Akpinar, Ünal 1979: Zur Schulsituation der Kinder ausländischer Arbeitnehmer. In: Langenohl-Weyer, Angelika; Wennekes, Renate; Bendit, Rene; Lopez-Blasco, Andres; Akpinar, Ünal; Vink, Jan: Zur Integration der Ausländer im Bildungsbereich. Probleme und Lösungsversuche. München. (Juventa Verlag). S. 97 – 127

Apitzsch, Gisela: 1999: Sprachkurse. In: WOGE e.V./ Institut für soziale Arbeit e.V. (H.g): Handbuch der Sozialen Arbeit mit Kinderflüchtlingen. Münster (Votum Verlag). S. 428 - 434

Apitzsch, Gisela 1997: Schulbesuch unerwünscht. Aspekte der Diskriminierung von Flüchtlingskindern und Kinderflüchtlingen im deutschen Bildungssystem. In: Meinhardt, Rolf (Hrsg.): Zur schulischen und außerschulischen Versorgung von Flüchtlingskindern. Schriftenreihe des IBKM an der Carl von Ossietzky Universität Oldenburg. Oldenburg. (Bibliotheks- und Informationssystem der Universität Oldenburg). S. 33 – 73

Baker, David; Lenhardt, Gero 1988: Ausländerintegration, Schule und Staat. In: Neidhardt, Friedlelm; Lepsius, Reiner; Esser, Hartmut (Hrsg.): Kölner Zeitschrift für Soziologie und Sozialpsychologie. Jg. 40. Opladen (Westdeutscher Verlag). S. 40 – 62

Bender-Szymanski, Dorothea 2003: Unzureichend gefördert? Eine Analyse der Bildungssituation und der Förderbedingungen für Migrantenkinder an Frankfurter Schulen – aus der Perspektive der Schulleiter. In: Auernheimer, Georg (Hrsg.): Schieflagen im Bildungssystem. Die Benachteiligung der Migrantenkinder. Opladen (Leske + Budrich). S. 211 – 231

Berger, Kai – Uwe 2000: Migration und Integration. Opladen (Leske + Budrich)

Blossfeld, Hans – Peter; Shavit, Yossi 1993: Dauerhafte Ungleichheiten. In: Benner, Dietrich; Fatke, Reinhard u.a. (Hrsg.): Zeitschrift für Pädagogik. Jg. 39,1. S. 25 - 52

Bönsch, Manfred 2004: Intelligente Unterrichtsstrukturen. Baltmannsweiler (Schneider Verlag)

Bommes, Michael; Radke, Frank-Olaf 1993: Institutionalisierte Diskriminierung von Migrantenkundern. In: Benner, Dietrich; Fatke, Reinhard u.a. (Hrsg.): Zeitschrift für Pädagogik. Jg. 39,1 S. 483 - 497

Bundesministerium des Inneren. Flüchtlinge. Tabelle. In: www.bmi.bund.de/cln_028/nn_165090/Internet/Content/Themen/Auslaender__Fluechtlinge__Asyl__Zuwanderung/Statistiken/Fluechtlinge__Id__51412__de.html. Geöffnet am: 07.04.2006

Bundesministerium für Familie, Senioren, Frauen und Jugend 2000: Familien ausländischer Herkunft in Deutschland. Leistungen, Belastungen, Herausforderungen. In: Bundesministerium für Familie, Senioren, Frauen und Jugend (Hrsg): Familien ausländischer Herkunft in Deutschland. Leistungen, Belastungen, Herausforderungen. Sechster Familienbericht. Stellungnahme der Bundesregierung zum Bericht der Sachverständigen Kommission. Bericht der Sachverständigenkommission. S. 1 – 236

Bundesministerium für Familie, Senioren, Frauen und Jugend 2000: Stellungnahme der Bundesregierung zum Bericht der Sachverständigenkommission – Sechster Familienbericht. In: Bundesministerium für Familie, Senioren, Frauen und Jugend (Hrsg): Familien ausländischer Herkunft in Deutschland. Leistungen, Belastungen, Herausforderungen. Sechster Familienbericht. Stellungnahme der Bundesregierung zum Bericht der Sachverständigen Kommission. Bericht der Sachverständigenkommission. S. XI – XXXI

Dietrich, Ingrid 2001: Migrantenkinder – eine diskriminierte Minderheit in unseren Schulen. In: Auernheimer, Georg (Hrsg): Migration als Herausforderung für pädagogische Institutionen. Opladen (Leske + Budrich). S.59 – 71

Dietz, Barbara 1999: Kinder aus Aussiedlerfamilien: Lebenssituation und Sozialisation In: Dietz, Barbara; Holzapfel, Renate: Kinder aus Familien mit Migrationsintergrund. München (DJI Verlag) S. 9 - 52

Döbert, Hans 2002: Deutschland. In: Döbert, Hans; Hörner, Wolfgang; von Kopp, Botho; Mitter, Wolgang (Hrsg.): Die Schulsysteme Europas. Grundlagen der Schulpädagogik Band 46. Schneider. Kronach (Schneider Verlag). S. 92 – 114

Döbert, Hans; Hörner, Wolfgang; von Kopp, Botho; Mitter, Wolgang (Hrsg.) 2002: Die Schulsysteme Europas. Grundlagen der Schulpädagogik Band 46. Kronach (Schneider Verlag)

Ergen, Özkan 2005: Bildungserfolg und zuwanderungsbedingte Mehrsprachigkeit. In: Meier-Braun, Karl-Heinz; Weber, Reinhold (Hrsg.): Kulturelle Vielfalt. Stuttgart (Landeszentrale für politische Bildung Baden-Württemberg). S. 126 – 145

exilio e.V. 2006: Menschen helfen Menschen. Das Exilio-Prinzip. 07.12. In: www.exilio.de

Faulstisch-Wieland, Hannelore; Nyssen, Elke 1998: Geschlechterverhältnisse im Bildungssystem – eine Zwischenbilanz. In: H.-G. Rolff, K.-O. Bauer, K. Klemm, H. Pfeiffer (Hrsg.): Jahrbuch der Schulentwicklung. Band 10. Weinheim und München (Juventa Verlag). S. 163 - 199

Fuchs, Hans-Werner; Reuter, Lutz R. 2000: Bildungspolitik in Deutschland. Entwicklungen, Probleme, Reformbedarf. Opladen (Leske + Budrich)

Führ, Christoph 1996: Deutsches Bildungswesen seit 1945. Bonn (Inter Nationes)

Führ, Christoph 1988: Schulen und Hochschulen in der Bundesrepublik Deutschland Bonn (Inter Nationes)

Gogolin, Ingrid 2000: Minderheiten, Migration und Forschung. Ergebnisse des DFG- Schwerpunktprogramms FABER. In: Gogolin, Ingrid; Nauck, Bernhard (Hrsg.): Migration, gesellschaftliche Differenzierung und Bildung. Resultate des Forschungsschwerpunktprogramms FABER. Opladen (Leske + Budrich). S. 15 – 35

Gogolin, Ingrid 1997: Einführung in die Fallstudie „Großstadt – Grundschule“: Zu theoretischem Rahmen, Fragestellungen und Methode des Forschungsprojekts. In: Gogolin, Ingrid; Neumann, Ursula (Hrsg.): Großstadt – Grundschule. Eine Fallstudie über sprachliche und kulturelle Pluralität als Bedingung der Grundschularbeit. Münster (Waxmann Verlag). S. 1-47

Gomolla, Mechthild 2003: Fördern und Fordern allein genügt nicht! Mechanismen institutioneller Diskriminierung von Migrantenkindern und -jugendlichen im deutschen Schulsystem. In: Auernheimer, Georg (Hrsg.): Schieflagen im Bildungssystem. Die Benachteiligung der Migrantenkinder. Opladen (Leske + Budrich) S. 97 - 112

Gomolla, Mechtild; Radtke, Frank-Olaf 2000: Mechanismen institutionalisierter Diskriminierung in der Schule. In: Gogolin, Ingrid; Nauck, Bernhard (Hrsg.): Migration, gesellschaftliche Differenzierung und Bildung. Resultate des Forschungsschwerpunktprogramms FABER. Opladen (Leske + Budrich) S. 321 - 341

Granato, Mona 2003: Jugendliche mit Migrationshintergrund – auch in der beruflichen Bildung geringere Chancen? In: Auernheimer, Georg (Hrsg.): Schieflagen im Bildungssystem. Die Benachteiligung der Migrantenkinder. Opladen (Leske + Budrich) S. 113 - 135

Hansen, Rolf; Pfeiffer, Hermann 1998: Bildungschancen und soziale Ungleichheit. In: H.-G. Rolff, K.-O. Bauer, K. Klemm, H. Pfeiffer (Hrsg.): Jahrbuch der Schulentwicklung. Band 10. Weinheim und München (Juventa Verlag). S. 54 – 86

Herrlitz, Hans-Georg; Hopf, Wulf; Titze, Hartmut 1998: Deutsche Schulgeschichte von 1800 bis zur Gegenwart. Weinheim und München (Juventa Verlag)

Holzapfel, Renate 1999: Kinder aus asylsuchenden und Flüchtlingsfamilien: Lebenssituation und Sozialisation. In: Dietz, Barbara; Holzapfel, Renate: Kinder aus Familien mit Migrationsintergrund. München (DJI Verlag) S. 53 - 233

Hunger, Uwe; Thränhardt, Dietrich 2003: Der Bildungserfolg von Einwandererkinder in den Bundesländern. Diskrepanzen zwischen der PISA-Studie und den offiziellen Schulstatistiken. In: Auernheimer, Georg (Hrsg.): Schieflagen im Bildungssystem. Die Benachteiligung der Migrantenkinder. Opladen (Leske + Budrich) S. 51 – 77

Jamin, Mathilde 1999: Fremde Heimat. In: Motte, Jan; Ohliger, Rainer; von Oswald, Anne (Hg.): 50 Jahre Bundesrepublik – 50 Jahre Einwanderung. Frankfurt/ New York (Campus Verlag) S. 145-165

Jeschek, Wolfgang 2004: Wochenbericht des DIW Berlin 27.02. Ausbildung junger Ausländer in Deutschland: Rückschritte bei der Berufsausbildung. In:
www.diw.de/deutsch/produkte/publikationen/wochenberichte/docs/02-27-2.html

Klein, Helmut E. 1999: Was kostet die Schule? Was leistet die Schule? Eine Analyse schulstatistischer und bildungsfinanzstatistischer Kennziffern. Köln (Deutscher Instituts-Verlag)

Kleyer-Zey, Nele 2003: Berufsorientierung Junger Flüchtlingen. In: von Balluseck, Hilde (Hrsg.): Minderjährige Flüchtlinge. Sozialisationsbedingungen, Akkulturationsstrategien und Unterstützungssysteme. Opladen (Leske + Budrich). S. 183 - 193

Kocaman, Diler; Thätner, Martina 1995: Berufliche Qualifizierung von Flüchtlingen ist unerläßlich. In: Regionale Arbeitsstelle zur Förderung ausländischer Kinder und Jugendlicher (RAA)/ Hrsg: Die Zukunft Gestalten. Jugendliche ausländischer Herkunft zwischen Schule und Beruf. Eine Veröffentlichung der Regionalen Arbeitsstellen zur Förderung ausländischer Kinder und Jugendlicher. Essen. S. 78 - 79

Köhnlein, Manfred 2005: Flüchtlinge und Asylsuchende. In: Meier-Braun, Karl-Heinz; Weber, Reinhold (Hrsg.): Kulturelle Vielfalt. Stuttgart (Landeszentrale für politische Bildung Baden-Württemberg). S. 185 – 204

Kornmann, Reimer 2003: Zur Überrepräsentation ausländischer Kinder und Jugendlicher in „Sonderschulen mit dem Schwerpunkt Lernen". In: Auernheimer, Georg (Hrsg.): Schieflagen im Bildungssystem. Die Benachteiligung der Migrantenkinder. Opladen (Leske + Budrich). S. 81 – 95

Krüger-Potratz, Marianne 2004: Schule, Soziale Dienste und Jugendhilfe im Spannungsfeld sozialer Ungleichheit und kultureller Pluralität. In: Treichler, Andreas; Cyrus, Norbert (Hrsg.): Handbuch Soziale Arbeit in der Einwanderungsgesellschaft. Frankfurt/ Main (Brandes und Apsel). S. 204 – 230

Krüger-Potratz, Marianne 2000: Schulpolitik für „fremde" Kinder. In: Gogolin, Ingrid; Nauck, Bernhard (Hrsg.): Migration, gesellschaftliche Differenzierung und Bildung. Resultate des Forschungsschwerpunktprogramms FABER. Opladen (Leske + Budrich). S. 365 - 384

Langenohl-Weyer, Angelika; Wennekes, Renate 1979: ausländische Familien in der Bundesrepublik. In: Langenohl-Weyer, Angelika; Wennekes, Renate; Bendit, Rene; Lopez-Blasco, Andres; Akpinar, Ünal; Vink, Jan: Zur Integration der Ausländer im Bildungsbereich. Probleme und Lösungsversuche. München (Juventa Verlag). S. 9 - 27

Leenen, Wolf; Rainer; Grosch, Harald; Kreidt, Ulrich 1990: Bildungsverständnis, Plazierungsverhalten und Generationenkonflikt in türkischen Migrantenfamilien. In: Benner, Dietrich; Fatke, Reinhard u.a. (Hrsg.): Zeitschrift für Pädagogik. Jg. 36,2. S. 755 – 771

Lopez-Blasco, Andres 1979: Ausländische Kinder im Kleinkinderalter. In: Langenohl-Weyer, Angelika; Wennekes, Renate; Bendit, Rene; Lopez-Blasco, Andres; Akpinar, Ünal; Vink, Jan: Zur Integration der Ausländer im Bildungsbereich. Probleme und Lösungsversuche. München (Juventa Verlag). S. 75 – 96

Mauthe, Anne; Rösner, Ernst 1998: Schulstruktur und Durchlässigkeit. Quantitative Entwicklungen im allgemeinbildenden weiterführenden Schulwesen und Mobilität zwischen den Bildungsgängen. In: H.-G. Rolff, K.-O. Bauer, K. Klemm, H. Pfeiffer (Hrsg.): Jahrbuch der Schulentwicklung. Band 10. Weinheim und München. (Juventa Verlag) S. 87 - 126

Meier – Braun, Karl – Heinz 2005: Die (fast endlose) Geschichte vom Einwanderungsland Deutschland: Zur Ausländerpolitik des Bundes und des Landes Baden – Würtemberg. In: Meier – Braun, Karl – Heinz; Weber, Reinhold (Hrsg.): Kulturelle Vielfalt. Stuttgart (Landeszentrale für politische Bildung Baden – Würtemberg). S. 65 – 99

Motte, Jan; Ohliger, Rainer; von Oswald, Anne 1999: 50 Jahre Bundesrepublik – 50 Jahre Einwanderung. In: Motte, Jan; Ohliger, Rainer; von Oswald, Anne (Hg.): 50 Jahre Bundesrepublik – 50 Jahre Einwanderung. Frankfurt/ New York (Campus Verlag). S.15 – 28

Neumann, Ursula 1997: An der „Schwelle“. Die Rolle der Mehrsprachigkeit beim Übergang von der Grundschule in die Sekundarstufe. In: Gogolin, Ingrid; Neumann, Ursula (Hrsg.): Großstadt – Grundschule. Eine Fallstudie über sprachliche und kulturelle Pluralität als Bedingung der Grundschularbeit. Münster (Waxmann Verlag) S. 251 - 311

Neumann, Ursula 1981: Erziehung ausländischer Kinder. Düsseldorf (Pädagogischer Verlag Schwann)

Neumann, Ursula; Popp, Ulrike 1997: Die Elternschaft der Faberschule. In: Gogolin, Ingrid; Neumann, Ursula (Hrsg.): Großstadt – Grundschule. Eine Fallstudie über sprachliche und kulturelle Pluralität als Bedingung der Grundschularbeit. Münster (Waxmann Verlag) S. 47 - 79

Ratzki, Anne 2003: Skandinavische Bildungssysteme – Schule in Deutschland. Ein provokanter Vergleich. In: Auernheimer, Georg (Hrsg.): Schieflagen im Bildungssystem. Die Benachteiligung der Migrantenkinder. Opladen (Leske + Budrich). S. 23 – 31

Rieker, Peter 1999: Schule/ Schulbesuch. In: WOGE e.V./ Institut für soziale Arbeit e.V. (H.g): Handbuch der Sozialen Arbeit mit Kinderflüchtlingen. Münster (Votum Verlag GmbH) S. 420 - 427

Ringel, Jutta; von Balluseck, Hilde 2003: Die Schule. In: von Balluseck, Hilde (Hrsg.): Minderjährige Flüchtlinge. Sozialisationsbedingungen, Akkulturationsstrategien und Unterstützungssysteme. Opladen (Leske + Budrich). S. 176 – 182

Schmoll, Heike 2002: Beobachtungen zu PISA-E. In: Schmoll, Heike; Kraus, Josef; Gauger, Jorg-Dieter; Grewe, Hartmut (Hg.): PISA-E und was nun? Bilanz des innerdeutschen Schulvergleichs. Sankt Augustin (Konrad-Adenauer-Stiftung). S. 7 - 21

Schulze, Erika; Soja, Eva-Maria 2003: Verschlungene Bildungspfade. Über Bildungskarrieren von jugendlichen mit Migrationshintergrund - auch in der beruflichen Bildung geringere Chancen? In: Auernheimer, Georg (Hrsg.): Schieflagen im Bildungssystem. Die Benachteiligung der Migrantenkinder. Opladen (Leske + Budrich). S. 197 – 210

Sen, Faruk; Goldberg, Andreas 1994: Türken in Deutschland. München (Süddeutscher Verlag)

Springer, Monika 1995: Die Zukunft Gestalten. Jugendliche ausländischer Herkunft zwischen Schule und Beruf. In: Regionale Arbeitsstelle zur Förderung ausländicsher Kinder und Jugendlicher (RAA)/ Hrsg: Die Zukunft Gestalten. Jugendliche ausländischer Herkunft zwischen Schule und Beruf. Essen (eine Veröffentlichung der Regionalen Arbeitsstellen zur Förderung ausländicsher Kinder und Jugendlicher). S. 6 - 18

Stallmann, Martina 1990: Soziale Herkunft und Oberschulübergang in einer Berliner Schülergeneration. In: Benner, Dietrich; Fatke, Reinhard u.a. (Hrsg.): Zeitschrift für Pädagogik. Jg. 36,1. S. 241 – 258

Statistische Ämter des Bundes und der Länder 2005: Gebiet und Bevölkerung – Ausländische Bevölkerung in Statistische Ämter des Bundes und der Länder. Tabelle vom 18.10.
In: www.statistik-portal.de/Statistik-Portal/de_jb01_jahrtab2.asp

Statistisches Bundesamt 2005: Tabelle Ausländische Bevölkerung 1980 bis 2004. Tabelle vom 19.10.
In: http://www.destatis.de/basis/d/bevoe/bevoetab7.htm

Statistisches Bundesamt 2003: Junge Ausländer im deutschen Bildungssystem. Pressemitteilung von 08.09. In:
www.destatis.de/presse/deutsch/pm2003/p3560071.htm

Steindorf, Gerhard 1976: Einführung in die Schulpädagogik. Bad Heilbrunn/Obb (Verlag Julius Klinkhardt)

Tröster, Irene 2005: Aussiedler – „neue alte Deutsche“. In: Meier – Braun, Karl – Heinz; Weber, Reinhold (Hrsg.): Kulturelle Vielfalt. Stuttgart (Landeszentrale für politische Bildung Baden Württemberg). S. 146 – 163

Ücüncü, Sadi 1984: Schul- und Ausbildungsprobleme der türkischen Kinder und Jugendlichen. In: Ücüncü, Sadi. Die Zukunft der Menschheit und die Ausländerproblematik. Münster (R.G. Fischer). S. 1 - 15

Walter, Paul 2001: Pädagogische Kompetenz und Erfahrung in kulturell heterogenen Grundschulen. In: Auernheimer, Georg; van Dick, Rolf; Petzel, Thomas; Wagner, Ulrich (Hrsg.): Interkulturalität im Arbeitsfeld Schule. Opladen (Leske + Budrich). S. 111 – 139

Wikipedia die freie Enzyklopädie 2006: Schulpflicht. Dokumentation vom 26.03. In: http://de.wikipedia.org/wiki/Schulpflicht

Winkler, Beate 1994: Neue Ansätze wagen: Zur Institutionalisierung ganzheitlicher Integrationspolitik in Deutschland. In: Jansen, Mechtild M.; Baringhorst, Sigrid (Hrsg.): Politik der Multikultur. Baden – Baden (Nomos Verlaggesellschaft). S. 9 – 16

Zeitfracht Medien GmbH
Ferdinand-Jühlke-Straße 7
99095 Erfurt, Deutschland
produktsicherheit@kolibri360.de